上海三联人文经典书库

113

# 罗马共和国的战争艺术

[英] 弗兰克·阿德科克 著

金春岚 译

# THE ROMAN ART OF WAR
# UNDER THE REPUBLIC

上海三联书店

"十三五"国家重点图书出版规划项目

国家出版基金资助项目

# 总　序

陈　恒

　　自百余年前中国学术开始现代转型以来，我国人文社会科学研究历经几代学者不懈努力已取得了可观成就。学术翻译在其中功不可没，严复的开创之功自不必多说，民国时期译介的西方学术著作更大大促进了汉语学术的发展，有助于我国学人开眼看世界，知外域除坚船利器外尚有学问典章可资引进。20世纪80年代以来，中国学术界又开始了一轮至今势头不衰的引介国外学术著作之浪潮，这对中国知识界学术思想的积累和发展乃至对中国社会进步所起到的推动作用，可谓有目共睹。新一轮西学东渐的同时，中国学者在某些领域也进行了开创性研究，出版了不少重要的论著，发表了不少有价值的论文。借此如株苗之嫁接，已生成糅合东西学术精义的果实。我们有充分的理由企盼着，既有着自身深厚的民族传统为根基、呈现出鲜明的本土问题意识，又吸纳了国际学术界多方面成果的学术研究，将会日益滋长繁荣起来。

　　值得注意的是，20世纪80年代以降，西方学术界自身的转型也越来越改变了其传统的学术形态和研究方法，学术史、科学史、考古史、宗教史、性别史、哲学史、艺术史、人类学、语言学、社会学、民俗学等学科的研究日益繁荣。研究方法、手段、内容日新月异，这些领域的变化在很大程度上改变了整个人文社会科学的面貌，也极大地影响了近年来中国学术界的学术取向。不同学科的学者出于深化各自专业研究的需要，对其他学科知识的渴求也越来越迫切，以求能开阔视野，迸发出学术灵感、思想火花。近年来，我们与国外学术界的交往日渐增强，合格的学术翻译队伍也日益扩大，同时我们也深信，学术垃圾的泛滥只是当今学术生产面相之一隅，高质量、原创作的学术著作也在当今的学术中坚和默坐书斋的读书种子中不断产生。然囿于种种原因，人文社会科学各学科的发展并不平衡，学术出版方面也有畸轻畸重的情形（比如国内还鲜有把国人在海外获得博士学位的优秀论文系统地引介到学术界）。

有鉴于此，我们计划组织出版"上海三联人文经典书库"，将从译介西学成果、推出原创精品、整理已有典籍三方面展开。译介西学成果拟从西方近现代经典（自文艺复兴以来，但以二战前后的西学著作为主）、西方古代经典（文艺复兴前的西方原典）两方面着手；原创精品取"汉语思想系列"为范畴，不断向学术界推出汉语世界精品力作；整理已有典籍则以民国时期的翻译著作为主。现阶段我们拟从历史、考古、宗教、哲学、艺术等领域着手，在上述三个方面对学术宝库进行挖掘，从而为人文社会科学的发展作出一些贡献，以求为21世纪中国的学术大厦添一砖一瓦。

# 目 录

# 序　言

　　我是在 1939 年 5 月做这些讲座的，虽然在欧洲爆发战争（二战）之前写成，但是我不打算修正已经完成的内容，不打算改成似乎有战事之前的先见之明，或者有可以掩盖我们对战争的愤慨之类的内容。现在在奥伯林（Oberlin）学院的日子对我而言是弥足珍贵的；很荣幸做马丁讲座的教授也是让我乐而忘忧了。我想对那些助我成行的朋友深表感激；对那些助我检查部分卷章的朋友深表谢意：尤其是查尔斯沃斯先生（Mr. Charlesworth）、拉斯特教授（prof. Last）和西姆先生（Mr.Syme）。我深信我从他们的批评建议中收益良多。罗德教授也帮助检阅了部分索引，真是让我感激不尽。

F. E. 阿德科克

1939 年 12 月

# 第一章 战争中的"人"力

非常荣幸能在马丁基金会（Martin Foundation）支持下做此次演
讲，我为此次演讲选择的主题是"罗马共和国统治下的罗马战争艺
术"。请不要误解我这是为战争致颂词，那我就是一个过于愚钝的人
了。在过去的某些时期，诚实的人将战争的发生看作两害相权取其
轻的结果，或认为其发生在智慧不受重视、理性无法落脚之时。即
使是到了现在，那条关于战争的不证自明的公理仍然盛行——"胜
者为王"；而在古代，政客们都无法回避这条公理。当然如果站在
道德的制高点，运用最高的理性标准，罗马历史中的战争本没有这
么多的内容值得记录在册。但是，了解历史是为了塑造更好的今天，
我们更加不能不去思索那些改变历史的重大事件的影响。事实上，战
争艺术作为罗马统治中必不可少的一部分，也是不讨人喜欢的一部
分，留给了世界无法抹去的伤痛印记。历史学家会始于谴责，继而宽
恕，终于赞赏：因为理解是历史学家必备的技能。罗马人并不是都酷
爱战争，更少人将战争浪漫化，但是他们了解战争，而我们如果无法
用欣赏的眼光看待他们对战争的理解，就无法真正理解罗马人。

许多研究人员关注古代战役的地形，更多研究的是关于古代战
争的古迹，以及战役组织的细节和战事装备。虽然不是立刻关注了
这些领域，但是这些研究的成果对我而言受益匪浅。在古罗马时期
罗马人如何运筹帷幄来应付当时的情境；或者从士兵、海军或是军
事领导的角度对他们做出评判，这是我的重点。我的目的是解析
（interpretation），因为解析必定带有部分的主观色彩，因此也是有些
危险的。我只能向你们描述我脑海中形成的景象，而当你们有不同

判断时，我不会强加上我的观点。

无论在陆地还是在海上，罗马共和国的战争首先取决于士兵和海军的数量及质量，其次是作战训练的自然环境，因此我将会先论及这些话题。其次呢，由于国家的政治和作战战略有千丝万缕的联系，我将评估罗马的治国之道；而大多数人都最感兴趣的这部分留在最后谈论，即战场中拥有最高统治和领导力的将领之道。我对罗马共和国历史的探究止于亚克兴海战（Actium），或许这场战争就是罗马共和国的开端。奥古斯塔（Augustus）重造了罗马军队的作战武器，这种武器几乎可以用在新的环境中，为罗马统治阶级发挥了新的功用。上述这些未完全改变的因素，共同影响了罗马将帅的领导力（generalship）。即使为找可谈论的话题，"限制时间"这个主题才成为备选，但是限制时间绝非任意决定或者似是而非的。即使新瓶装的还是"旧酒"，我还是想要探求罗马如何运筹帷幄来影响帝国的发展的。

来自希腊的天才基本上是平民，这里不包括马其顿人。除了马其顿人，希腊人中有极少数是士兵，他们不像战场上偶尔表现得那么出色。在斯巴达（Sparta），战争是他们的首要任务，在过去的两个多世纪里，他们拥有的军队胜过其他希腊军队。但当希腊人投身于战争中，他们会如同在其他方面一样，有创造力、敏感警觉而且多才多艺。整体来说，希腊人在战术和技术上比罗马人做出了更多的创新。但从长远来看，他们的效果却不如罗马人。将军偶尔赢得战争，但是大多数时候是军士和士兵创造了战争的胜利。罗马人即使在缺少出色的将军时，他们也会带出出色的百人团和善于战斗的士兵。罗马人最初也不是合格的士兵，但是通过严格的训练，可以成长为合格的士兵。[1]战争对于罗马人来说，没有情感上的浪漫也没有智力上的风险：战争只是他们的工作，通过稳定、扎实、可接受的及专业的训练而得到的一项工作。罗马战争不是天才般突飞猛进

---

[1] 克罗迈尔·法伊特（Kromayer-Veith）：《希腊和罗马人的军队和战争》（*Heerwesen und Kriegführung der Griechen und Römer*），第 1 页。

式的发展，而是渐进式的，虽然有阻碍，但是最终还是在向前发展。罗马战争更多的由罗马人的战争本能领导，而非智慧的应用，当然"非智慧的"不等于愚蠢。总而言之，接下来我们首先从罗马士兵开始，探讨他们的本质特性，他们接受的训练。

罗马共和国开始登上历史舞台时，他的军队由两部分组成：一部分是根据市民的装备能力组成步兵军团，另一部分是由精英组成的骑兵军团，严格来讲就是战术上装备精良的步兵。在作战中，这个军队一般由当年的一位或两位执政官（Consul）领导，除非有紧急情况，才会另外任命一位独裁者（Dictator）来领导军队，其也可任命自己的骑兵长官为其副官。服兵役不仅是一种义务，也是一种特权，因为军队很大一部分由地主和自由的农民组成。军队的组织结构逐渐优化，能轻松执行各项任务的年轻人同只能胜任守城之职的老弱之人被区分开来。所谓的"等级斗争"（Struggle of the Orders）即是为了国家利益和战争需求，将国家所有自由的人团结起来。军事指挥不再只是贵族的特权，军事责任和政治特权面向了更广大的群众。罗马共和国时期偶尔出现的政治争端、军事叛乱、微弱的经济利益、即刻可见的经济压迫或对权贵的攀附，都似乎被后来发生的危机影响并扭曲放大，但我们不能被蒙蔽。罗马格言——"人民的利益至上"（*salus populi suprema lex*）——缓慢但稳定地被推广至全国，野心和怨恨被限制，所有的过时的法令、法条也被替代了。

共和国最初主要同其拉丁盟国一起并肩作战，没有太多需要细说的。据推测，罗马步兵作战单位是一个方阵，矛兵紧密排列组成坚壁，这种方阵很有可能是向伊特鲁里亚人（Etruscans）学习的 ①。罗马方阵主要是用于守卫附近的平原来抵御或征伐伊特鲁里亚或其他山区邻国的。与其他国家相比，在战争中，罗马人似乎更有谋略和远见。罗马人会向作战军队发放军饷来满足耗时较长的战役需要。当然，罗马军队与邻国军队没什么大的不同，只类似于国民自卫队

① 　E. Meyer：《小品文》(*kleine schriften II* )，第 231 页；E. S. McCartney：《美国学院版罗马回忆录》( *Mem. American Acad. Rome I* )，第 121 页，特别 156 页，1917。

8 而已。公元四世纪，阿里亚战役爆发，高卢人横扫罗马军队，几乎攻破了罗马。风暴过后，罗马共和国开始重建并提升军事力量。经过两代人的努力，一个试图征服中部意大利的军队建成了。当罗马军队最终达到目标时，他们也从与高卢和其他意大利军队交手中受益匪浅。至此，我们完全可以从中推测继而描绘出罗马军队的样貌和罗马士兵的特点。

这里我必须提出一个可能会引起争议的问题①，因为这个问题可以解析当时罗马士兵的特点。这个问题是：在共和国的中期，罗马士兵在战争中是怎样作战的？军团被细分为小队，还是约120人的作战单位？对此我们只能借助波利比乌斯的记载或者李维写的一章内容进行解释，实际上李维所写的东西使问题更加复杂了。李维虽然受人尊敬，但他写的关于战争的文字很难帮我们解惑。②我认为情况是这样的：战役最初，手持轻兵器的散兵，即轻装步兵（Velites）冲锋在前，为后面全副武装的步兵即作战的中坚力量作掩护。重装步兵分为三横列，第一横列大约六人纵深，第三横列三人纵深。第一横列叫青年兵（hasta），尽管他们并没有装备长矛，第二横列叫

9 壮年兵（principes），尽管他们并没有处在第一列，第三列叫三线兵（triarii）。前两横列配有短剑和一两把短矛。这种短矛很重，投掷距离只有大约30码。三线兵配有短剑和长矛而非短矛。说到这里大家都没有异议，但是问题出现在下面。普遍认为每一横列的小队都以棋盘格的形式列队在阅兵场上，每两个小队之间有一个小队的间距，第二横列的小队填补在第一横列小队的间隙之中，第三横列的也填补第二横列的间隙。军队训练这种前进方式，然后第一横队撤退，

---

① 对这个复杂问题的讨论请参见如 J. Kromayer：《赫耳墨斯》（*Hermes*）XXXV，1900，第 200 页；Th. Steinwender：《罗马战术的具体操作和实施》（*Die römische taktik zur zeit der manipularstellung*）；H. Delbrück：《战争艺术的历史》（*Geschichte der Kriegskunst*），第 349，443，436，457 页；E. Meyer：《小品文》（*kleine schriften II*），第 198 页；Kromayer-Veith：《希腊和罗马人的军队和战争》（*Heerwesen und Kriegführung der Griechen und Römer*），第 356 页。
② 李维 Titus Livius（Livy）：《罗马历史》第八卷（*The History of Rome*），Book 8，第 8 页。

第二横队前进，来填补与第一横列之间的间隔。前两个横列随后以这种方式训练撤退和分散，从第三横列的小队间隔后退，而三线兵则平举长矛缓慢前进。当青年兵和壮年兵从间隙中撤退完，三线兵的小队分散延伸开来，形成连续的一排，对敌人举起长矛。以上是阅兵场上训练的情况，问题是关于真正的战场上的情况。

　　若我们假设这种演习真的运用到战场上，首先我们假设这些小队真的保持了他们之间的间隙，哪怕距离没那么精确，同时罗马士兵首先和敌人的战线交战。我推测敌人形成了一条连续战线，这也是习惯性的做法。如果敌人是进攻迅猛的高卢人，那么他们会插入第一小队的间隔之间，但被第二小队阻隔。如果敌军是一个方阵，必须紧密团结在一起，那么不分开就无法渗入间隙之中，除非扰乱自己的排布暴露出长枪兵，与罗马持剑士兵交战而前进。至此整个作战都有效地进行了弹性防御。罗马士兵的进攻以前排的青年兵发起短暂冲锋开始，在关键时刻射出一两支短矛震慑敌军。这种方法是斯通维尔·杰克逊（Stonewall Jackson）赞赏的：“我认为最佳的战斗模式是保留火力，直到与敌军近距离接触，最后给敌军以致命性的打击而获胜。”

　　之后是用长剑作战，有第一横列后几排的战士支持，前排已经倒下或疲累的战士有了喘息的机会（徒步提剑作战极其艰辛）；当第二横列的战士开始作战，他们可能发起第二次进攻。若人数或者战斗力量不足以打败敌军，或压力太大，罗马士兵会缓慢撤退，拖垮对面精力充沛的敌军前排。经过这个过程，前两排合二为一，则距离第三排在休息观战的后备三线兵并不太远了。随着军队的号角响起，或许之后小队中还有一声号角，青年兵和壮年兵迅速地从后备军的间隙中撤退。前排的青年兵和壮年兵可能通过牺牲自己以抵御敌军攻击，剩余的同伴则有序撤退。青年兵和壮年兵脱身之后，后备军还需要一点时间来分散开来形成连续的阵线。敌军的前锋十分疲惫，此刻又要面对着新的一批整装待发的队伍，这支队伍会尽可能守住之地，敌军也明白战胜他们才是取得胜利的最后希望。后备军采用旧的战斗方式，罗马军团仿佛回到过去的古战场，这种方式

10

11

5

用来维持新旧战斗方式的平衡。后备军横列之后三人的纵深，留出了长剑战斗的距离，这样队伍形成了至关重要的稳定性，当然我们也可以推测，青年兵和壮年兵也在后方提供了一些体力的支持和精神上的鼓励。

当然，这种战术是否比其他战术更容易取胜很难判断，但确实最大化地利用了战斗资源，体现了罗马军团的专业性。若胜利，老年后备兵免于死亡，他们是家庭中的父亲，失去他们更多的是一种社会损失而非军事损失；若战败，青年兵和壮年兵则有很大的机会逃走而获得生还。反过来看，这种战术也展示出罗马人和意大利人的特殊品质：坚毅，自信且严格服从命令。罗马和它的意大利同盟都采取这种战术，这实际上也成为他们本身的品质。除了输给像汉尼拔这样的天才将军外，罗马军队的失败不是因为突发的战斗，无法实施他们的作战策略；就是因为遭受敌人迅猛进攻，训练不佳的军队没能成功执行原有作战计划而失败。因此而失败的战争并不少见。到了帝国统治下的最后一个世纪，罗马军队开始在侦察方面效率低下，他们会在困难的地形中暴露自己部署而被击破，因此他们无法主宰战争的进程。有时需要即时作战或者是糟糕的将领在指挥时，军队的训练和纪律就跟不上，自然无法满足战术的需要。当然这里强调的是，前面所述的战术是适应罗马人和意大利人的特性的，因此，在亚历山大大帝之前，唯有斯巴达人的军队可以与罗马军队同日而语。

如果一场有备而来而非意料之外的战争失败，罗马军队可以撤退到坚实的后方营地，这引发我关于罗马营地与罗马士兵个性的关系的思考。

每天罗马军队不仅是安营扎寨，而且不断强化营地的防御，这种习惯是其他古代军团所不具备的，但是到底需要什么样的防御却被我们忽视。如果这关系到罗马军队多快能接近它的目标敌军，那么他们会比预想的慢，因为如果军队习惯于一大早出发前进到中午，需要花费整个下午来修筑防御工事和恢复体力。为了解决这种说法的不合理性，我发现，一直到罗马共和国末期战事最频繁时期之前，部队行军是虽有动荡却从容不迫的。深层分析的话，寻找歇脚的并且能提供安全保障的地点是浪费时间，这是希腊人通常采用的做法；再进一步说，西班牙教授舒尔藤（Schulten）从挖掘成果看，罗马人扎营地时对地形重视不够。[①] 但我认为最重要的是，这些营地的整齐划一正符合罗马人对整齐与秩序的重视。不仅如此，通行于英、法、德、俄军的说法是——最糟糕的兵舍强于最好的露营地。这也在法德大战时得到验证 [②]：双方尽全力冒险也要建兵舍。这样做的原因是，对于未处于战斗状态的军队的士气来说，舒适和安全是很重要的。露营地可以使军队保持集中。罗马人营地结合了兵舍和露营地的优点，使军队保持良好组织、时刻备战的状态；同时如波利比乌斯（Polybius）所指出的那样 [③]，宽阔的空间给营房城墙或帐篷之间预留了空间，由此士兵能躲过敌人的流弹。我曾描述过这种战术要求，它可以让每个罗马军事小队保持高度的自我意识，又同时兼顾与其他小队的合作。罗马营地始终保持的秩序感让人警觉又警醒。这种战术成为惯常的工作可能会减少士兵的主动性，但是也缓解了士兵的紧张精神，带来了安全感，并时时保持战备状态。

　　罗马的军人们在营地训练结束后，大多通过所谓的"身体锻炼"（corpora curare）来放松，当然内容不像名字那般没有个性。[④] 但是罗马人的目的不仅仅是放松身体更是放松思维。恢复共和国时期的罗马人或意大利人的性格不是易事，这是个不以表露情感为难堪的民族，似乎有某种程度的可激发性。哪怕在贵族的传统中，"镇定自若"（impassivity）也在其列——虽然大家都认为平静就象征着贵族的身份。但是在军事中，罗马人非常重视沉着冷静的品性，这样虽然会缺少些气势（élan），但却是罗马人在战争中靠策略胜利的一个重要因素。正如我们所见，在这些战术中撤退和进攻同等重要。在这种策略的指引下，不管进攻还是撤退，罗马士兵都很沉着，防

①　A. Schulten：《剑桥古代史》（Cambridge Ancient History）第八卷，第 318 页。
②　E. Altham：《战争的原则》（The Principle of War），第 410 页。
③　波利比乌斯（Polybius）：《历史》（Ἱστορίαι）第六卷，第 31，14 页。
④　W. Fischer：《罗马营地》（Das römische Lager），第 134 页。

御的营地又让他们没有后顾之忧可以坚持到底。另一方面，如果营地不加管理，放任士兵逃跑的话，这是很危险的。因此更加妥善的办法是把可以自由调遣的军队和自己营地之间插入三列用长矛的老兵组成的稳定军队。

为了深入探寻古罗马士兵的本性，我们发现罗马军营的设置和防护营地的传统都表明了一点，即罗马军队不打无准备或必输的战争。罗马军队早期在与希腊人的一场战争中，像被将领所激励一样斗志昂扬，披荆斩棘，战斗直到决出胜负为止。这时（希腊诗人称之为"战争的转折点"①）处于劣势的军队开始溃散，并逃回老家。而罗马军队并不会这样逃逸，即使失败也会撤退为之后的战斗做准备。正如许多罗马编年史对共和国中期和后期的战争结局的描写那样，罗马军队的撤退常常并不代表真正的一败涂地。

16

但是我关心的是罗马军队的心理定力（stiffening）。当罗马军队战败的时候，大家就去寻找士兵的训练中存在的问题，如果不能通过严格的纪律恢复原有的士气，哪怕是最有才干的将军都会认命认输。在深入观察后还可以发现，罗马的军队常常选择不同经验和能力的士兵，把他们都安排在同一个小队而取得最后的胜利。在作战时，冲锋陷阵的军队一端是后备士兵，另一端是新兵，这样的目的是为了融合不同的军事力量。就重构罗马共和国军队的实战状况而言，他们至少在想方设法让军队人员在年龄和经验上得到均衡分配。罗马的军队也不愿意通过削弱有经验士兵的作战能力，来弥补训练不足的军士的力量。②公元前二三世纪，新兵团由被称作"城市军团"的军队组成，其中的士兵在达到一定要求的能力之前，是不能上战场的。③在同盟军的小派遣队方面，例如与他们并肩作战的意大

---

① 埃斯库罗斯（Aeschylus）：《阿伽门农》（*Agamemnon*），第 1236 页。
② 一个极端的例子是"战神"一般的老兵（legio Martia 即"legion of Mars"）在弗鲁姆·加罗路姆（Forum Gallorum）战斗中坚持不让新兵与他们一起战斗，参见亚历山大里亚的阿庇安（Appian）：《罗马内战》（*Bellum Civile*）第三卷，第 67，275 页。
③ 例外的例子参见 Th. Steinwender：《古希腊罗马语文学杂志》（*Philologus*），第三十四卷，1880 年，第 527 页。

利人，罗马人是否也尝试达到军队力量的统一，这里无法评判。尽　17
管波利比乌斯记载同盟军以罗马方式加入军队①，罗马战术中也暗示
了同盟军和罗马军队接受同等的训练，由此我们可以猜测同盟军的
分遣队接受同样的管理。②另一方面，至少从第二次布匿战争开始，
有些人开始以从军为职业，并为军团中坚力量的百人团工作。③

让我们聊聊另外一个话题，罗马军队的社会特征。我们知道，
十八世纪职业的英国军队是绅士领导下的军队。④二等兵，下士和
军士来自一个社会阶级，军官以及最年轻的海军少尉以上都来自另
一个阶级。英国军队中可独立行动的最小部队都是由年轻绅士指
挥，加入大部队的士兵在经历二十场战役后才能成为这个年轻绅士
的下属。这样阶级差别明显、信仰上帝的军队里，这种安排的效果
很好，因为这产生了十分稳固的"团队精神"（esprit de corps）。而
在罗马军队中，贵族军官的阶级很低。军团指挥官虽然产生于贵
族，但在每个军团中都有很多也属于贵族的"军事指挥官"（tribuni
militum）。军事指挥官有可能指挥一些分隔开的团队，但是当这　18
个军团战斗时，一如往常地化零为整；普通阶级有经验的士兵被
任命为分队的领导，而不是那些贵族军官。按照惯例，罗马的年
轻贵族绅士需要在骑兵部队度过他的学徒期，直到他们达到相对
成熟的年纪，才开始被给予军事命令，他们的地位可以达到将军
或者参谋军官一样，但是却不如小分队的指挥官。因此在罗马军
队的管理和战略部署中，起决定性作用的是来自普通阶级的军团
士兵，他们同生活共战斗，在严厉的罗马纪律下保持部分个人的
特点，但是凭着勇猛善战和坚忍不拔，也可以获得与贵族同等的

---

① 波利比乌斯（Polybius）：《历史》（Ἱστορίαι）第四卷，第4—5页。
② 也可以参见皮洛士让意大利人使用小队（pyrrhus）[波利比乌斯（Polybius）：
《历史》（Ἱστορίαι）第十八卷，第28，10页]；E. Meyer：《小品文》（kleine schriften
II），第233页。
③ 参见李维记载的Spurius Ligustinus的演说（《罗马历史》第四十二卷，第34
页）；参考E. Meyer：《小品文》（kleine schriften II），第233页。
④ H. Delbrück：《战争艺术的历史》（Geschichte der Kriegskunst）第一卷，第464页。

待遇。罗马军团不直接受元帅指挥，而是受百人团指挥，① 因为这标志着百人团对麾下士兵的指挥权利，同时也可时刻激励他们努力战斗。到了共和国的最后一个世纪，军团从农民和勇于参战的公民中招募士兵，农民属于中间阶级，不属于社会最底层。勇于参战的公民会严肃对待每件事，军团给他们提供有奖励的就业机会，虽然奖励不大，但是因为勇气和决心会被他周围的人所敬仰而得到自我的满足。波利比乌斯发现了这一点，他这样描述共和国中期的百人团："他们不像有领导能力的人一样勇敢、有冒险精神，他们沉着冷静，一仍旧贯地不会冒失进攻，但是他们在长官目前或者面对巨大的压力时，会不惜生命去战斗到底。"② 因此罗马战术指挥的特性表现在对美德的追求上，而这通常可以在罗马士兵身上体现出来。在乔治·梅瑞狄斯（George Meredith）的《老海盗》中有一句名言——"沉着让人胆颤（steady shakes them）"。在罗马内战中有这样一幕，200 个老兵成功自救，而 220 人的新军投降后惨遭毒杀，恺撒这样写道"我们看到了，果敢的精神给士兵保护"。③

虽然对于百人团有很多积极的评价，但是共和国中期的罗马军队依然很不专业。军团组成后过不了多久就解散，因为士兵大都从自由农民中招募而来，大多数农民急于回去耕种自己的田地。意大利同盟军（Socii 是意大利同盟组成的骑兵）大多数征募自同一阶级，即使他们有时会在战场上坚持更久，那也是因为没有势力支持他们解散的想法。大西庇阿统治下的西班牙，军队由一个区域的将军领导数年，这样一来可能实现战术的发展，但是这种方式在第二世纪时由于情况变化而失败。百人团和士兵使用兵器作为他们生存的工具，一次次的征募入伍，使自己更加职业化，但是这种职业化的优势在二十世纪末开始起支配作用。我将要谈谈罗马士兵由于完

---

① 塔西佗（Cornelius Tacitus）：*The Annals*（《罗马帝国编年史》），第一卷，第 23，4 页。

② 波利比乌斯（Polybius）：《历史》（Ίστορίαι）第四卷，第 24，9 页。

③ 恺撒（Caesar）：《罗马内战》（*Bell. Civ.*）第三卷，第 28，4 页。

全职业化之后的特征。

公元前二世纪末，盖乌斯·马略招收了非自由农民入伍，这些士兵只有当兵才能维持生计，自此罗马军团变得训练有素，走向职业化。不仅如此，他似乎赋予了整个罗马军团一种性格 [①]，自他那时开始，士兵的忠诚就与军团联系在一起，也因为这些士兵数量庞大，这种忠诚比以往更为重要。士兵们与他们效忠的将军之间，产生了一种基于共同利益的深层次的忠诚。当士兵服役结束，罗马共和国不再对其负责，只是在一场战役结束后，完全依照将军的意愿授予士兵赏金。因此，士兵指望着继续效忠他的将军，以取得最终的奖金或土地来安度晚年 [②]。对于这种以将军马首是瞻的关系，我将在下面的篇章里继续谈论，因为这是共和国最后几十年军阶的重要因素。 21

影响士兵特征的另一个变化是步兵的出现，大约以一个营的人数作为战术单位。步兵军团的雏形早在大西庇阿时期就出现了，然而直到马略改革之后才基本发展完全。[③] 步兵军团发展完全后，其作用是提高军团的自我生存能力和战术灵活性。军团由此拥有了更强的作战技巧且更能适应各项任务，甚至包括了工程和工艺。罗马士兵渐渐变得更加专业，与他们的将军联系更加紧密，更能主动适应独自作战，其所在的百人团也更加稳定。我们无法估算这种变化对罗马的作战同盟军（Socii）有多大影响，但一定是有影响的。因此在公元一世纪早期的同盟者战争（Social War）中，意大利同盟和罗马公民军团之间已无甚差异，罗马军团中的意大利士兵全体形成了完全相同的步兵阵线，训练有素且忠诚于他们的将领而不是罗马共和国。但并不能认为这是兵痞（soldateska）行为，意大利士兵保留了本身的意大利—罗马式特征，他们的关系比雇佣和辅助关系更加高尚，忠心耿耿又坚守原则地对待他们信任的将领。在百人团中， 22

① Kromayer-Veith：《希腊和罗马人的军队和战争》(*Heerwesen und Kriegführung der Griechen und Römer*)，第 377 页。

② H. Last：《剑桥古代史》第四卷（*Cambridge Ancient History* IV），第 136 页；H. M. D. Parker：《罗马军团》，第 26 页。

③ H. Last：《剑桥古代史》第四卷（*Cambridge Ancient History* IV），第 146 页。

尽管士兵们可能在战场上度过他们最好的年华，也渴望退伍后能够衣锦还乡；但是他们还是会像普通士兵一样，时刻准备着听从自己将军或其他有威望的将军的号令而再上沙场。这些罗马共和国晚期的这些军人经过充分训练后，可能是有史以来最好的士兵。这些军人在最后罗马内战中经历了与原同胞战友的厮杀锤炼后，带来了帝国时期的优良的军事传统，而奥古斯塔大帝知道如何将这种传统转化为对国家元首（Princeps）乃至对国家的忠诚。

　　文章至此，之前我一直在努力探讨并评判共和国时期罗马士兵的独有的特点。现在我需要转向谈谈罗马的人力问题。

　　共和国早期，罗马的人口比邻国拉丁人口稠密，而拉丁盟国的人口又超过它周边的国家。[①] 精明的罗马人通过与邻国拉丁和赫尔尼克人（Hernici）联盟，阻隔了南方和东方的威胁；而罗马的地理位置又守卫了拉丁不受伊特鲁利亚人侵犯，保证了盟军忠诚的支持，同时获得有限制但是至关重要的边界。只要罗马人团结一心，罗马就足够强大抵抗在城门外的敌军，而无需逃避。另一方面，就像我一直说的那样，罗马调用国家的全部的战斗力，向每个罗马人显示国家在实战中的明显优势，是为了获得罗马贵族的臣服和平民的忠诚。拉丁来自伊特鲁利亚人的危险逐渐减小，但是来自高卢人的威胁日益剧增，如果他们强大的盟国罗马给其警告，高卢必然不敢太过猖狂。罗马灵活的政策变换使得萨莫奈人和拉丁互相牵制，[②] 并且与拉丁和坎帕尼亚人成为同盟来对付萨莫奈人。

　　在意大利中部的斗争中，以罗马取胜而告终，实际上演变成平原与山脉区域的对抗。或许更多的是因为天性使然而非故意设计，面对每一次威胁时罗马都占有人数的优势。到第三世纪中期，罗马管辖权的扩张都能够与军事需求保持一致。罗马对意大利的需求之一便是提供人力。在第一次布匿战争中的海难，牺牲了大量的意大利士兵；但是面对他最大的敌人汉尼拔时，罗马在战场上还保持很

23

---

① H. Last：《剑桥古代史》第七卷（*Cambridge Ancient History* VII），第 342 页。
② 同上，第 589 页。

大数量的富余力量，第二次布匿战争结束时，罗马还保留大量的受过训练的士兵，其中既有罗马人也有意大利人。持续了半个世纪的战争沿意大利西北部地区，到西班牙然后穿过亚得里亚海，这样产生了新的人力的问题，而共和国又找不到一个万全之策。长期通过用罗马军队来支持其他国家来制衡马其顿人的菲利普（Philip），也是罗马的治国之道。当然这种治国之道的主要原则是罗马军自身的力量与他的同盟不相上下。这个原则一直保持到罗马共和国时代，这意味着罗马的力量随着领土范围的扩大而增长。在二世纪，远距离征战大量增加对同盟军（socii）的使用违背了过去的原则，一旦同盟军（socii）无法认同罗马的利益，他们的不满将会在同盟战争（Social War）之前爆发，在一定程度上罗马不得不作出明智的让步，让意大利人也成为罗马人，同时也大大增加了国家的人力。因此在同盟战争之后的 40 年之间，罗马人才能前所未有的扩张自己的军队。虽然罗马军队的特性在很大程度上导致了共和国体制结构的没落，但是军团维持和延续了罗马力量，也决定了整个帝国的重心应该留在西部。

24

最后让我们讨论罗马战斗力量的分配问题。当我在下一章中论及海洋时，我会讨论罗马在海上做出的努力。需要指出的是，罗马人视步兵团为他们特有的兵种。至少到第二世纪末期他们才有城市骑兵，而且大部分城市骑兵队又由同盟军（socii）组成，但是对于他们来说步兵团才是战场中的"核心"。优秀的骑兵指挥官相对很少，骑兵也很难保持高效率。古代还没有马镫，而没有了马镫的骑兵更像《爱丽丝梦游仙境 2：镜中奇遇记》的白衣骑士，通常一受到攻击就从马上跌落。其他的古代人克服了这个问题，骑兵赢得希腊历史上的很多大战，虽然不是骑兵独自赢得的。但是罗马人善于徒步，骑兵在罗马战争中只发挥了很小的力量。古代骑兵更习惯于用投射物做远程攻击，但是这种战术对罗马人的影响甚小。虽然少数罗马指挥官尤其是拉比努斯，研究了骑兵及其与步兵的结合利用；一般来说骑兵，如投石者和弓箭手，都大多数模仿了在这方面强大的国家，这也是罗马统治者承认的。因此罗马士兵的本质特性被保

25

26

留下来，尤其是共和国最后时期，军团成了罗马军队的中坚力量。

随着罗马开始领导各种军事力量进行战斗，而军团又成了主宰的武装力量，罗马人对于战争则游刃有余了，这产生了世界的意义。依据过去的传统，如果罗马的战争胜利与否主要取决于骑兵、弓箭手、投石兵和标枪兵的话，能够供应军队粮食的罗马本可以在改变世界秩序中起到更重要的作用。精通战事的恺撒，面对不同的敌人都取得胜利，早期罗马共和国继承了军团的军事优势，主要凭借自己的力量铸造了无往不利的罗马之剑，并以此而造就了罗马共和国的力量。

# 第二章　海　战

　　自从杰出历史学家兼美国海军上校马汉编写其著作《海权对历史的影响》后，学者们都会不时反思这一悖论——最具有战争天赋的罗马人却远远低估了这一武器的力量。并不是说这一概括没有例外。在这本著作的引言里，马汉用第二次布匿战争来证明：在世界历史的某一时期，罗马海军的优势是如何在伟大战争的命运中发挥似乎有决定性的作用。就算这些都是事实，莫姆森都不以为然，认为罗马人没有意识到永久性海上霸权的重要性。① 罗马无疑是要准备消灭海上霸权而不是利用海上霸权：极少的情况下，当罗马人被迫去处理一些问题时，他们才会考虑取得海上霸权。公元五世纪时期的希腊作者通常非常推崇海上霸权优势，但罗马历史学家却很少如此。对于罗马人来说，陆军才是王牌，而非海军，我猜想对于斯巴达人来说也是这样认为的。你也许记得，在皮洛斯的海滩攻击雅典人时，斯巴达将军布拉西达斯是如何呼吁这些船长让船触礁（在石头上敲碎船骨），让重装备步兵投入战斗的。这就是斯巴达人真实的想法，他们认为海军的战斗只是服务于陆地战争的。② 罗马人也是这样认为的。在安东尼·普鲁塔克生前 ③，亚克兴海战之前他写道：一个老百夫长斥责他的将军："大将军，为什么你如此看不起我的这些伤和这把剑，却寄希望于树林里那些劣等的原木？让埃及人和腓

---

① 《罗马历史》，英译本，第二卷第 40—46 页；第四卷第 169 页。
② 修昔底德（Thucydides）：《伯罗奔尼撒战争史》（*The Peloponnesian War*）第四卷，第 11，4 页。
③ 普鲁塔克（Plutarch）：《希腊罗马名人传》，第 64，3 页。

尼基人去海上战斗吧！给我们土地，我们在这片土地上生存，也在这片土地上死去，还在这片土地上征服我们的敌人。"

狄更斯作品中的贾斯蒂斯·斯塔雷来先生就彻底断定士兵说的并不能成为证据，普鲁塔克也许想让士兵的话带点传奇色彩，但这的确反映了罗马老兵的传统思想。据说在尼禄将驻派在日耳曼部队的支队派遣到亚历山大，之后又回来时，这些部队已经被海上航行折磨得疲惫不堪，以至于体力和尚武精神都恢复的十分缓慢。①事实上，罗马士兵都晕船。对于罗马人来说，海是无边无际，暗藏危险的地方。卢克莱修（Lucretīus）说过，海最平静的时候往往最充满诱惑和陷阱——"看似风平浪静的海面"（placidi pellada ponti），正如每一个狮身人面像都会有一个解答其奥秘的答案，但是罗马人更愿意逃避狮身人面像而不是去解答这个奥秘。

31　　然而，就像斯巴达人，他们别无选择时才会登船，罗马人也一样。在公元264年一名迦太基的海军将领告诉罗马人，他们也许只有经过他批准才可以在海边洗手。②四年后，罗马人赢得了他们的第一场海上战役，而这次战役就是打败了迦太基人。如今，在不莱梅的一个海边房屋（haus seefahrt）的门上，还刻着一个罗马将军的格言——"航行是必须的，但生活不是"（navigare necesse est, viverenon esr necesse）③《亚历山大城战记》④中，这个故事是用来讲述恺撒的陆军副将瓦提尼乌斯，临时将退役的老兵组建成一支船

---

① 塔西佗（Cornelius Tacitus），The Annals（《罗马帝国编年史》），第一卷第31页；也可参阅《非洲战役》第34，6页。

② 卡西乌斯·狄奥（Cassius Dio）：《罗马历史》残卷第十卷（Fragments of Book 10）第43，9页；参考西西里的狄奥多罗斯（Diodorus）；《世界史》（Bibliotheca historica），第二十三卷，第2页。

③ 选自普鲁塔克（Plutarch）希腊语"πλεῖν αναγκη ζῆν οὐκ ἀνάγκη"（航海是需要的但不是必须的）第50页；普鲁塔克（Plutarch），《希腊罗马名人传》（庞培传），第12页；参考 E. Meyer，恺撒大帝（Caesars monarchie）第118页，西塞罗说庞培"按照地米斯托克利（古希腊政治学家）的说法，控制海域不值得，要获得权力"［"cuius omne consilium Themistocleum，esistimat enim qui mare teneat，eum necesse（esse）rerum potiri"］。

④ 《亚历山大城战记》第44—47页。

队，出发去攻打庞培、屋大维的超级战队。书上写着："当他发现他们军队的规模和他们船只的数量都无法与敌方匹敌时，他决定听天由命。"紧接着是用轻快的语调，描述了瓦提尼乌斯是如何站立在船头，去抵抗敌人的旗舰，敌方旗舰被围在中心取悦，当老兵在敌军的船上跟跟跄跄行走时，这场海战看上去像是陆战。随后他将老兵运送回来了。这个例子很好地证明，命运眷顾勇敢的人，而勇敢的人也会改变命运。最后令人难以忘记的是，共和国的最后一场伟大的战役，这场导致屋大维和安东尼矛盾的战役就是在距离亚克兴不远的海上发生的。

但尽管发生了这样或那样类似的事情，对于罗马人而言，土地才是真正赢得胜利的地方而不是海洋，而且准确来说罗马人是试图通过陆战征服海洋，而不是通过海战获取陆地。在过去的美好日子里，英格兰人得意地发现，不列颠的悬崖边不需要修建壁垒和城堡，然后用白兰地庆祝他们逃避了罗马皇帝的护卫舰，这些护卫舰是皇帝船只航线的保护力量。让活跃的中队保护意大利海岸对罗马来说并不是难事，但在大多数情况下，罗马共和国更愿意在战略性要点处设立属地，来保卫这个地方，到那时敌方就会发现不论是海边还是陆地，都已经四面楚歌。[1] 对希腊人而言，海是不可分割的（mare dissociabile），对他们而言海洋是一个阻碍外侵的，而不是一条出路。通常海洋并不是罗马讨论政绩的首要内容。

罗马共和国有一项官方认可的外交政策，和它的陆地边境有关。直到公元四世纪末，罗马才愿意通过海路离开去扩充势力范围，也愿意承认罗马被有限的远洋贸易限制住了。早期的罗马几乎没有它自己的海岸线，而安提乌姆舰队受到侵扰时，补救办法不是去创造一个超级舰队，而是强迫安提乌姆舰队放弃他们的船只，随后这些船舰的铁嘴被用来装饰古罗马广场。李维声称许多高大（Antiate）

32

---

[1] E. T. Salmon，《古罗马研究期刊》(*Journal of Roman Studies*)，第十四卷，第52页，1936。

船只加入了罗马海军（navalia）①，也许这一论断是真的，尽管在罗马设立双军官统领（duoviri navales）之前几年，每个水军统帅就指挥了一个拥有十艘船舰的小型中队。安提乌姆舰队的道义如罗马的船首的铜币（aes grave），②似乎还不足以让罗马做出非凡的决定，也是邻国没做过的事，那就是打算控制海权。公元 311 年，罗马委任了双军官统领，他们的目的似乎是通过帮助与坎帕尼亚人交流来协助陆地作战。在后来的五十年里，很少听说他们的事迹，可以推测，他们只是在罗马出于某些特定目的需要些船只时才会接受任命。③ 在塔伦图姆控制的水域内，罗马一直约束自己不去干涉。但是后来直到一个军官统领到了塔伦图姆，可能是为了共和国的利益，协助一场国家政变。如果这个计划失败了，那么塔伦图姆人就轻而易举指挥一半的罗马的海军了（即抓住一个军官统领）。罗马的解决方法是派遣一支军队去维持塔伦图姆的秩序，当皮洛士干涉此事时，罗马与迦太基签订条约，这项条约是利用了古迦太基的海上霸权，而不是为罗马创造自己的海上霸权。

　　当意大利半岛的自然延伸的岛屿——西西里岛引起了罗马人关注后，罗马共和国才开始正视海军这样的大问题。在当时罗马和迦太基的关系已经是敌人而不是盟友，如果罗马可以通过海路安全抵达西西里岛，而且狙击敌方的进入，那罗马才有可能占领西西里岛。而且，在到达敌军首都前必须做最后的决定。因此，正如波利比乌斯所说，④罗马人意识到，只有能在海上战胜迦太基的情况下，才有胜利。为了最后的胜利，罗马不惜一切代价，迅速建成一支强大的海军力量。二十年海上的胜利与灾难交织着，而灾难通常来自风暴而不是敌人，这对意大利的人力和财力来说都是很重的负担。但最后，罗马竭尽所能，在耗时长久的战争中坚持

33

34

---

① 李维（Titus Livius Livy），《罗马历史》第八卷（The History of Rome，Book 8），第 12，4 页。

② 同上，第 14，8 页。

③ 特奥多尔·蒙森（Theodor Mommsen），《宪法》（Staatsrecht）第二卷，第 580 页。

④ 波利比乌斯（Polybius），《历史》（Ἱστορίαι）第一卷，第 20 页。

下来，在海路取得最后的胜利——既把迦太基人孤立在西西里岛上，又为罗马开辟了入侵非洲的道路，而这场与非洲的战役，迦太基自然不会希望罗马获胜，就像他自己十五年前曾经击败非洲那样。

服务于罗马战争对士兵的训练过程！充满灾难的海战并不是为了把罗马人变成水手，或者在微乎其微的可能性中寻找并激发他们战胜海洋的信心。能让他们提早胜利的热情逐渐消失殆尽。在很大程度上，罗马的胜利取决于士兵有机会展示他们在登船的勇气，而且在航海技术方面罗马共和国既没有受敌方的指导——敌人似乎不能成为他们的老师（*fas est et ab hoste doceri*）——也没有像在陆战时那样经常提高训练水平。

罗马仍然没有积极寻求取得海军霸权的方法，迦太基的海军霸权使他们把地中海西部变成其领海（*a mare clausum*）。罗马只是禁止迦太基的舰队出现在意大利水域而已，未来迦太基舰队的规模甚至都没施加任何限制。尽管有理由相信，任何大规模迦太基海上霸权的复兴行动，都将引起罗马共和国的关注。在重新检验过去的一项关于第一次布匿战争海军力量的统计时发现[1]：迦太基的海上正常军力约为130艘船，最多时达200艘。随着需求的上升，罗马谨行俭用，超越了他的敌人，战争结束时罗马已经超过了200艘船舰。

第二次布匿战争中，罗马一直保持着优势。尽管时有抵抗，但实力也不可低估，[2] 但迦太基人不能在这场战争中，就拒绝罗马人对海洋的使用，而只留给自己和自己的盟友。特别是，他们无法弥补马其顿菲利普五世海军的弱点，而使得巴尔干半岛的君主可以保住自己的位置。马汉指出，罗马在西班牙和意大利之间海域上实力是否强大，决定了汉尼拔的兄弟们来增援他的速度快慢。迦太基既不能完全支持西西里岛的反罗马运动，后来也没有摆脱罗马的军队可能随时登陆非洲的给他带来的恐惧。战争伊始，汉尼拔只是在意大

35

---

① W. W. Tarn，《古希腊研究期刊》第27期，48页，1907。

② W. L. Rodgers，《古希腊罗马的海战》，第319页。

利进军，才阻止战争不要靠近迦太基；而当西庇阿来到非洲时，迦太基才感到轻松和安全。然而，罗马的海上优势并不是横扫一切的。一旦遇到风险或实力欠缺的时候迦太基的船只总可以找到一个安全的港口，而在此停靠。第二次布匿战争揭示了古代海军优势范围的局限性。

36

罗马禁止迦太基拥有超过十艘战舰，这一举措换来了长期斗争后的和平；然而，不允许地中海区域的海权势力拥有可以用来对抗共和国的强大的舰队，这似乎已经成为罗马的一项治国策略。罗马可以轻而易举地让资金不足的马其顿的海军势力削弱，而且显而易见的是，如果使得厌战的罗马在世纪之交进攻马其顿的话，那就只是因为菲利浦五世正在寻求复兴马其顿在海上的势力的消息。① 在第二次马其顿战争中，进攻安条克三世时，帕加马和罗德岛的船舰很好地帮助了罗马军队，但是元老院还是很小心地希望不要太依赖于这些盟友，不要让这些外来的舰队参加决战。② 在公元二世纪的第一个十年期间，罗马曾两次恢复了双军官统领（duoviri navales），因为当时需要小型中队来抑制利古里亚和希斯特里亚的海盗。③ 但是，事实上，罗马允许减少自己的舰队，因为他们相信有必要时，罗马仍可恢复实力，投入到大型的海军战争中去。与这一政策相反的情况是：公元 197 年的和平条约规定马其顿只能拥有六艘战舰；而在公元 188 年的和平条约中，叙利亚被限制只能拥有十艘军舰，而这十艘只限活动于其东部领海。埃及保留了一个舰队，但是这一支舰队，只是其第三世纪初期伟大军备的一角，埃及不太可能跨越罗马的道路。可以毫不夸大地说，罗马的海军政策是为了避免对海军的需求。

37

罗马没有积极的制海权，也没有不懈努力地去管辖海洋。罗得岛主要承担了这项责任，罗马政府目前的一项极其重要的政策就是从根源上打击罗德岛海军势力。公元二世纪末，海盗遍布东地中海，

---

① G. T. Griffith，《剑桥历史期刊》第 5，1 期，8 页，1935。

② P. V. M. Benecke，《剑桥古代历史》第八卷，第 263 页。

③ 李维 Titus Livius（Livy），《罗马历史》（*The History of Rome*）第四十卷，第 18，7，26，8，28，7，42，8 页；第六十六卷，第 1，2 页。

他们成了共和国一直逃避但是亟待解决的问题。[1] 然而，解决海盗问题方案需要考虑哪些方面还未知，当然重要的是找到解决方案。本世纪末的铭文早已预示，罗马人命令东地中海的海上附属国，在靠近他们的港口时去狙击海盗。[2] 这可能是罗马政治危机引起的综合行动的一部分，[3] 但这也表明了罗马政策的路线。海岸的控制才能保证海上航行的安全。

这个政策不是前所未有的。公元三世纪后半叶，伊利里亚海盗困扰着在亚得里亚海经商的意大利人。一次轻装的远征让伊利亚里人了解到，罗马没有耐心发展他们的民族工业，而且通过这次和十年后的战役，罗马的保护国在伊利亚里沿海地区建立并维护起来。越来越多的海上归属地守卫着意大利海岸，很好地抵御了袭击者和走私者。[4] 被派遣去抵御利古里亚海盗的中队击沉了海盗的船只，但罗马指挥官也在内陆寻找厉害的舵手和船员，并将他们安置地远远的，使他们不再为害地方。[5] 在与柏修斯交战后，其伊利里亚盟友的船只被收缴了，[6] 后来的远航也教给了达尔马提亚人一些教训。

但是元老院不愿增加共和国的省份，这给她的海上附属国带来无法承担的负担。古希腊国家渐渐的削弱，使他们无法接受罗马时不时对他们的船只方面的要求。在上个世纪，这些国家可以提供的各种力量相对较小，明显不容易动员。当米特利塔特斯质疑罗马的力量时，他的舰队并不像出现在古代君王的写作中所述那样出师迅猛且力量庞大。[7] 另一方面，又很难聚集船只并且迎面击败他们。罗

[1]　H. A. Ormerod，《古代的海盗》( *Piracy in the Ancient World* )，第 187 页。

[2]　补充的墓志铭（supp. epig. Graec. III）第三卷，第 378 页。

[3]　Bloch-Carcopino，《罗马历史》第二卷，第 378 页。

[4]　E. T. Salmon，《古罗马研究期刊》( *Journal of Roman Studies* ) 第十四卷，第 52 页，1936。

[5]　李维（Titus Livius Livy），《罗马历史》( *The History of Rome* ) 第四十卷，第 28，7 页。

[6]　同上，第四十五卷，第 10，43 页。

[7]　Kromayer，《古希腊罗马语文学杂志》( *Philologus* ) 第八十一卷，第 470 页，1897。

39　马各省没有足够的力量来培养中队以保护自己免遭海盗袭击；而在第三次米特利塔特斯战争中，罗马只有在与海盗结盟后，解除米特利塔特斯的海军力量，才免去建造一支新罗马舰队的必要性。① 大量证据表明，小国在海上罗马共和国统治式的和平（*pax Romana*）上的希望微乎其微。

　　与这样低效的海军政策相反，战斗在爱琴海海盗老巢之一的潘菲利亚和奇里乞亚腹地的罗马将军塞尔维利乌斯，却在运筹帷幄并奋力激战。② 另一个战斗的中心是克里特岛，罗马也在这里战斗，尽管收效甚微。直到最后，罗马才完全意识到海盗的危险。在奴隶贸易中，罗马的利益被海盗活动严重威胁，意大利新势力受到了威胁，乃至产生了饥荒。卢库鲁斯打破了米特利塔特斯的势力，并建立和发展了附属王国的海军势力。现在需要的是通过全面的协调的努力建立统一的组织来实施一项计划。罗马共和国奋起直击，攻打要害，大群舰队开始聚集，将海盗击退回原地，罗马在陆上完成了在海战的准备工作。和往常一样，这次是在庞贝古城，罗马人遇到像后来的阿格里帕那样需要的人，此人非常了解如何海陆战争进行富有成效的联合攻击，这是大多数罗马人所不擅长的。然后，他继续在陆地上完成在卢库鲁斯的工作，控制了东部以及吞并了克里米亚和昔

40　兰尼加，完成了罗马政策的另一方面的要求，有效控制了地中海沿岸。③ 只留下来了埃及的海军力量，而埃及及其舰队是罗马的囊中之物。

　　虽然很难确认罗马为庞贝战役所建造的船舰数量，但是内战爆发时，地中海区域的主要海军力量来自支持庞培的附属国。④ 恺撒大帝早已经建造了一些用来对抗高卢人和不列颠人的船只，一旦控

---

① Kromayer，《古希腊罗马语文学杂志》（Philologus）第八十一卷，第 475 页。

② Ormerod，《古罗马研究期刊》（Journal of Roman Studies）第七卷，第 244 页，1922。

③ J. Dobiáš，《东方文库》（Archiev Orientalni）第三卷，第 244 页，1931。

④ Kromayer，《古希腊罗马语文学杂志》（Philologus）第八十一卷，第 429 页，1897。

制了意大利，他就拥有敌船数量约一半船备用。亚历山大陆地势力的壮大，使得波斯舰队发展每况愈下，所以恺撒凭借他在陆地上的胜利来打击敌人的海上力量。这一策略是后人强加在恺撒身上的；但重要的是，罗马最伟大的将军们从未试图控制海上霸权，也不相信凭他军队的运气、胆量和耐心，就能避免或者阻止这些失控所固有的危险。恺撒在法萨卢斯取得胜利的那场战役中，庞贝的舰队司令毕布路斯拥有大约200到300艘战斗舰，而恺撒却只有少许。然而当恺撒率领七支军团穿越亚得里亚海时，之后安东尼带来了其余的军队，尽管的确是运气带来了风向的变化，虽损失惨重但还是从敌人的强大的舰船中逃脱。尽管如此，恺撒"内战"的效果是在西部以及地中海东部地区建造了一批罗马的船只。恺撒死时，塞克图斯·庞培（老庞培的儿子）试图通过控制地中海西部的海军力量来塑造自己的权力，一度甚至威胁要饿死意大利人。罗马迄今为止集中在该领域的最大军队、最强的海军实力雄厚的情况下，地中海东部的舰队主要是支持布鲁图和卡西乌斯的，但安东尼和屋大维可以在腓立比（Philippi）的土地一分胜负。随着在安东尼的控制下，东罗马世界衰弱，他愿意用船只和屋大维交换军队，最后，塞克图斯·庞培的军队被这些船只打败，阿格里帕修葺组建了更多的新罗马舰队。当三巨头成为对手和敌人时，安东尼依靠埃及的财政资源建立了一支强大的舰队，用以对抗屋大维的海军力量，共和国的最后一场大战是在海上进行的。

即便如此，亚克兴海战运用的策略比普通海军策略更适用于军事战役，当然其最好的效果体现在陆地战争中。阿格里帕之所以能战胜塞克图斯·庞培，还要归因于在这场战争中阿格里帕拥有的更庞大的船舰队伍和海军力量。安东尼想在船只的大小和数量上可以与阿格里帕的船只匹敌，最后他也做到了。[①] 因为缺乏有经验的划手，他只能寄希望于通过强迫敌人进军到自己的领地上，并通过一

41

---

① W. W. Tarn，《剑桥古代历史》第十卷，第100页；《古希腊研究期刊》第21期，173页，1931。

场陆战把敌人击退，从而赢得这场海战。显然他很相信自己的陆军
将领可以使他的军队在陆战时能有优势，除非他的对手失误，让他
能在海战时也有很大的赢面。阿格里帕成功地将安东尼引诱到一个
海战的区域，因为为了保留自己的陆战力量，安东尼按照阿格里帕
海战的形式来战斗，结果战败了。因为舰队的失败，而使得陆战对
他也很不利。亚克兴战役的意义在于它避免了第二个腓立比的出现。

42

　　亚克兴战役之后，屋大维的军事优势得以保证。这一政治结果
与我们无关。重要的是，没有任何军事力量可以到达地中海，使之
成为内海（*mare nostrum*），这不仅对罗马而且对意大利来说都是难
以成功的。黑海仍然引起罗马的关注，但对于地中海区域来说，黑
海是用来得以保证安全的，庞贝横扫之后更是如此，因为在困难时
期之后，海盗现象稍有复苏迹象。前三个和之后的两个皇家中队，
以及一些分散在地中海东部的几个部队，足以维持海洋的秩序，抵
御那些没有安全港口庇护的探险者。随着埃及被吞并，最后一艘非
罗马舰队从地中海世界消失。

　　描绘出共和国海军历史的草图之后，我们也许可以回顾下过去，
并思考罗马是为何能在对海权持相对消极的态度的情况下还能如此
成功。首先有一些普遍适用于古代海军作战的因素。[①]古代的战舰
非弱即慢，地中海海域又不适合在海上战略的实施：即使可以协助
炮击，但是无法精确实施"撞入而击沉敌军"策略（Ramming）或
者登船策略。重要的是，这种行动缓慢的大型船舰装满了替代炮火
的战争武器。

43

　　当船只的船身不够坚固的时候，他们必须停靠在港口躲避暴风
雨；而行进速度很慢时，他们的行动范围又受到了限制。如果将船
只的撞角当成自己的武器，则他们需要大量具备所需速度和力量的
划手。如果船只是漂浮的军队，他们运载的人数必须要多于船只所
能轻松容纳士兵的数量。因此，古代战舰所承载的补给物必然超过

---

① 《剑桥古代历史》第五卷，第 195 页；A. W. Comme，《希腊历史和文学的小品
　　文》第 192 页；Tarn，《希腊海军和军事发展》第 124，142 页。

他们运载长期所需的食物和水的能力。虽然船员和水兵足够耐心，但长期呆在海上的话，他们会必将最终饥渴难耐。古代舰队需要和睦的海岸关系，因此海上力量和陆地力量必须同时发展。汉尼拔控制塔伦图姆镇时，强大的罗马舰队无法继续封锁港口，因为邻近的海岸被迦太基的军队所控制。[1] 这样的封锁需要海岸或者邻岛作为支撑点（*points d'appui*）。长线封锁也会因为舰队长期在海上停留而收效甚微。在古代战争中，一支如拿破仑的大军般的军队，是绝不会被他们从未见过的"遥远距离和暴雨摧残的船只"所击垮。如果顺风的话，货船和商船的速度也许可以超过战舰（galley）。它们不能落后于又慢又重的大船，如果它们被弱方超越，那么它们船体的撞击策略可能击垮袭击者；而只有少许桨手的船只，几乎没有武装人员，很难战胜顽强的抵抗，自然不会为了保护船员而战斗。事实上，海战利益微薄，哪怕把敌方的船员像奴隶一样贩卖也如此。导航和发信号的困难往往使得古代舰队必须先聚集在一起，这样就限制了他们的行动范围。一旦黑暗降临，战舰就什么也看不到了，尽管他们可能会无意撞见他们的猎物，但夜间捕捉的机会太小了。据我所知，这样的运气是事情在历史上只发生过一次，导致一支军队在海上运送的途中被发现并被摧毁。[2]

的确，在爱琴海领域，海上力量是一种强有力的武器，既能捍卫权力，又能保护贸易。在地中海西部，海上霸权已经让迦太基获得一些国家安全和商业优势。在这些左右罗马政策的人眼里，贸易并不总是非常重要的，我认为古代海上霸权作为一种战争工具，这些将胜利作为陆地行军目标的人早已洞察出了海权的弱点。在战争中，海上霸权生效很慢：只在部分行动中有效。在能感受到海上霸权生效之前，战争已经在陆地上赢得了胜利——法德战争就是个例证，在这场战争中法国的海军优势无法影响战争的结果。纳尔逊在

---

[1] Rodgers，《剑桥古代历史》第五卷，第 348 页；比较恺撒在《罗马内战》第三册第 24 页中记载的安东尼如何突破布隆迪西（Brundisium）的封锁的相关内容。

[2] 西西里的狄奥多罗斯（Diodorus）：《世界史》Bibliotheca historica 第二十卷，第 112 页。

1796 年写道："我们英格兰人后悔不能一直决定海上帝国的命运。"①
海上帝国不是罗马人的目标。应该必须记住的是，虽然在行动中，
船只的船帆与风看似相互独立，但事实是，再粗壮的手臂拉久了帆
也会疲惫。正如马汉所说，"联合海军大军的原则应该被应用于如何
时代；这是历史告诉我们的；但是，忽视天气因素就能去执行这些
原则只是近年来的收获。"②

当罗马开始认真考虑海上霸权的那一刻，可能会影响她的海
军历史。在公元三世纪初之前，战舰的标准都是三段桨的战船
（trireme），这种船用于进攻策略或是撞击敌舰，但是虽敏捷却更脆
弱。公元四世纪就出现了四段桨的战船（quadrireme），这显然是在
三段桨战船基础上改进版的战船。③ 尽管战舰队伍中还存在着一些更
轻便的船只用于战斗，但古希腊的君主在公元三世纪之前希望建造
这种型号不同的大船，因此四段桨战舰已成为行业标准。迦太基效
仿希腊的君主，因此罗马决定与迦太基海战时，迦太基采用了四段
桨战船迎战。也许意大利的希腊沿海城镇提供的是三段桨战船，但
罗马建的是五段桨战船（quinqueremes）。意大利的木材资源适合建
造这种五段桨战舰，而且这种战舰所需的人力，对划手的能力要求
也不高，这也符合意大利的现状的。五段桨战舰当然也比三段桨战
舰运载更多的军力，让他们投入到罗马擅长的那种战斗中去。④ 乌
鸦装爪钩装置（corvus），是在航行中用于勾住敌舰的，灵感源于海
战时罗马的战术。

但随着五段桨船舰和体型庞大的船舰的引入，海战战术受到了
限制；从公元三世纪开始，除了罗得岛，很少有国家可以应用古老
的技艺，来操纵这种大船。因此，海战的发展为罗马节省了许多本
该从长期实战中获取技能的时间。但是这一情况使得罗马认为，随
着战争而即兴建造和特别建造的政策是可行的，也使得罗马不愿意

---

① W. D. Bird，《战争的方向》（The Direction of War），第 67 页。
② Mahan，引用同上，第 22 页。
③ W. W. Tarn，引用同上，第 131 页。
④ W. W. Tarn，《古希腊研究期刊》第 52 期，第 51 页，1907。

继续发展海军的事业。罗马的五段桨战舰可以把较轻的船只扫除，战斗时，罗马军队及同伴的战斗水平为战胜发挥了决定性作用。另一方面，这种战舰的速度太慢，所以行动范围很局限，在罗马的战术中，战舰是用来为军队开路的，而不是以通常的方式来控制海域。在亟需的情况下，这样的战舰可以成为缓慢行动的货船和运送食物给意大利的船只。一般说来，罗马海军力量是服务于军事力量的，或是阻碍敌人的军事行动的工具。尽管如此，罗马共和国还是小心翼翼地避免过分依赖他们的舰队。罗马更愿意沿着有可能找到敌方的道路行进——从意大利到西西里岛，再到非洲，从意大利到亚得里亚海东岸，再到小亚细亚半岛。当地中海最终没有变成一个罗马的湖时，罗马的海军政策就算完美了。 47

48

# 第三章　陆地战

51　　罗马人是通过扩张领土开始熟悉战争的。不管在过去，帝王们如何秣马厉兵，但早期共和国都只关注如何防守，而不是进攻。罗马历史学家李维（Livy）认为，如果不是因为无法根除邻国的邪恶势力，早期共和国就会一直和平发展下去。他这么认为的部分原因是——《市民法》（*Ius Fetiale*）的实施，亟需一场正义之战（iustum bellum），来还击邻国对罗马人生命和财产的侵犯。但各个城邦都认为防守容易，而且我们能推测出，相比罗马传统的惯例，战争职责的分配会更加公平。共和国一开始并没有打算征服邻国的意图，但其中两个邻邦——赫尔尼克人（Hernici，公元前 484 年被古罗马人征服的亚平宁山区的古意大利人）和一支罗马的拉丁亲属，他们组成了一个联盟。在台伯河（Tiber，意大利中部，流经罗马）北面居住着伊特鲁里亚人（Etruscans，古代意大利中部地区受罗马文明影响的民族），势力相当强大，罗马不敢对其轻举妄动，但他们内部支离破碎，所以也不足为惧。（萨宾人总体上爱好和平；埃魁人和沃尔西人居住在丘陵地带，

52　他们对罗马的盟友造成的危险比对罗马更大。）为防止后三支部落联手切断罗马与拉丁人的联系——这是个真正的军事难题，但在战争中这一问题一旦得以解决，三部落同盟为此可能付出了惨痛的代价。罗马和其盟友所掌控的兵力不可能不及他的邻国；更有意义的是，罗马轻而易举地就占领了沃尔西（Volscian）丘陵，而不需要反反复复与沃尔西人（Volscians）交火。公元前 4 世纪初，罗马占领了维伊（Veii），并在台伯河北岸建立了防御区。毫无疑问，随着埃魁人和沃尔西人的消失殆尽，这个防御区在联盟中势力最大，成为十足的罗马

政权的工具。拉丁姆（Latium 古意大利罗马东南地区）平原一带局势稳定，特鲁里亚人（Etruscans）的势力逐渐削弱。除了夏天时，在一场短暂的战役中让军队守军野外，罗马的战争都短期就结束了，没有太大问题。在情况特殊时像围城这样的长期行动中，通过支付军士报酬，得以解决了问题。

接着真正的危机发生了，对高卢人的进攻差点让罗马遭到了灭顶之灾。随着入侵浪潮退去，罗马力量在艰难的恢复当中，亚平宁山脉（Apennines）和其人民的问题又开始浮出水面。可以推测出，北面的亚平宁人与高卢人有越多的牵扯，越多南面的人则组成萨莫奈人（Samnite，意大利一古老民族）联盟，力图占领邻国土地，好让自己增长迅猛的人口有地方安家。罗马与萨莫奈人结盟，而推迟解决山区部族问题，甚至利用他们对抗他们的老盟友拉丁人。后来，罗马与坎帕尼亚（Campania，位于意大利南部）结盟，开始了山区对抗平原的一系列战争，这就是后来所说的萨莫奈战争。[①] 虽然与高卢战败后，罗马汲取了教训，但他们的军队尚未很好地适应在山间峡谷的战斗。要守住平原地区，阻止亚平宁山脉的人入侵，对罗马大军和坎帕尼亚人来说，都是个考验。在这场战争中，可以说，罗马人已经利用盟友帮助其远离或疏导面临的危险，并且利用领地的优势，罗马和拉丁人同时都发现了战略要塞的价值。他们也学会了利用罗马四通八达的道路，谋取利益。那时还没有多少国家修建的道路，比如从亚庇古道（the Via Appia，古罗马时期一条把罗马及意大利东南部阿普利亚的港口布林迪西连接起来的古道）开始的旧的道路。沿着这些道路，罗马军队可以比山区的敌军更快地前进。在卡夫丁峡谷之辱后 [②]（the Caudine Forks），罗马掌握了主动权，军队开始穿过萨莫奈人的领土。值得一提的是，他们没有夺取萨姆尼特

---

① 《剑桥古代史》第七卷（Cambridge Ancient History VII），第 595 页。

② 译者注：古罗马史中记载公元前 321 年，萨姆尼特人在古罗马卡夫丁城附近的卡夫丁峡谷（Crafting Gorge）击败了罗马军队，并迫使罗马战俘从峡谷中用长矛架起的形似城门的"牛轭"下通过，借以羞辱战败军队。后来，人们就以"卡夫丁峡谷"来比喻灾难性的历史经历。因此"卡夫丁峡谷"成为了"耻辱之谷"的代名词，并可以引申为人们在谋求发展时所遇到的极大困难和挑战。

城镇，并在此驻军，而是彻底摧毁这里的一草一木，无人幸免：他们把这个地方变成了不毛之地，并称这种做法叫做战争。此外，罗马人试图采取行动把敌军和他的盟友隔离开来，让他们一方在南，一方在北。萨莫奈人中有一个军事行家，试图冲破防线到北面的高卢人那里求助，以此进入伊特鲁里亚（Etruria，意大利中西部古国）。① 他被一名罗马将军抓获，这个将军带领一支大军来到战争交会处。至此，森提乌姆（Sentinum）战役决定了意大利中部的命运。罗马人充分利用他们的胜利，使亚平宁山脉中部地区成为自己坚强的后盾。后来的战役无比激烈，解决了亚平宁南部人口过剩的问题，而萨莫奈人也被迫休战，这就意味着和平已经到来。公元前三世纪的第一个十年结束时，通过解放平民和加强与盟友国的联系，罗马的势力得以扩张，在战略上对其而言，意大利中部山区有了利用价值，不再是一个战略上的麻烦问题。

　　这一系列行动拓宽了罗马战略的新视野，并提出了军队维护和供给的问题。罗马可以利用坎帕尼亚（Campania）以及拉丁姆（Latium）的资源，在萨莫奈（Samnium，意大利中部的古王国）南部和东部，罗马的盟友们能为该地区的军队提供粮食。在萨莫奈的幽谷中，罗马人很可能试图根据老加图（Marcus Porcius Cato，前234年—前149年）的箴言——"以战养战"（*bellum se alet*）来管理军队。但即使如此，他们也必须在路上学会，一边行军一边帮助组织供应粮食。在意大利，几乎没有河运，这一时期是否海运补给粮食也无从了解，就算有，真正的战斗常常在内陆也距离海边很远。战争的特点决定了适合动用相对较小的军队，一支独立的罗马军队的正常力量分成标准的两个军团：足以单独行动又足够稳固，能抵抗进攻人数又不多，不然军粮难以供应，且不易于操控。意大利中部高山围绕，南部地势平坦。当地人把罗马当做他们的守护，来抵挡高卢人和萨贝利人（Sabellians，古意大利人）的入侵，因此可以得到南部一些希腊城镇的帮助。与其说塔伦图姆（Tarentum，意大

---

① 《剑桥古代史》第七卷（*Cambridge Ancient History* VII），第611页。

利城市）和皮洛士（Pyrrhus，古代希腊的伊庇鲁斯王，318—272 B.C.）的战争靠的是地理优势，倒不如说是战术。尽管罗马和拉丁属地确实阻碍了皮洛士前期的胜利势头，但在第一次迦太基战争中，西西里岛之战真正考验了罗马人陆战和海战的智慧。在与叙拉古人（Syracuse，意大利西西里岛东部一港市）的结盟后，拿下阿格里琴托（Agrigentum，意大利西西里岛西南海岸城市）后，罗马掌握了希腊西西里岛的资源，但由于遭到该岛西部迦太基人顽强的抵抗，罗马人被迫精心组织一个陆地的护卫体系；在此期间，他们表现得比其先驱狄奥尼索斯一世（Dionysius 叙拉古的暴君）更为成功。[1] 瑞古卢斯（Regulus，罗马大将）到非洲的远征更加难以维持，半数的军队在冬季撤回，以缓解粮食补给之困。当迦太基人被彻底驱逐出西西里岛之时，战争结束了。接着，撒丁岛和科西嘉岛（Sardinia and Corsica）被占领，如此一来，非洲军队的供给就不再是个问题。如果有必要，罗马人的确有可能在夺取后两个岛屿的过程中，至少在一定程度上考虑过发动一场入侵非洲的战争。

在第二次迦太基战争之前的几年里，亚平宁山脉以外的高卢人，又出现了一个不同的问题。这一地区的军队离罗马太远了，难以得到补给物资，至少有一段时间，波河（Po）上河运不怎么安全。另一方面，这个国家种植大量的谷物，罗马军队比较喜欢用谷物来配给，可以认为罗马人在前进补给基地储藏了大量的粮食。当汉尼拔入侵意大利北部时，他发现至少在客拉斯蒂迪姆很容易找到这样的补给物资。这样以至于在特拉比亚会战（the battle of the Trebia）中，养活两支并肩作战的执政官军队。在那场战役中，罗马的防御力量巧妙地利用了意大利北部的河流，这种策略被后来的很多战争将领所效仿。就像八年前高卢人在特拉蒙战役（Telamón）惨遭歼灭一样，次年的两军联合军击败了汉尼拔大军的办法，完美地诠释了弗

56

---

① T. Frank，《剑桥古代史》（*Cambridge Ancient History* VII）第七卷，第 688 页；狄奥尼索斯一世的相关事迹可以参考西西里的狄奥多罗斯（Diodorus）在《书集》（Bibliotheca）的第十四卷第 55 页。

拉米纽斯（Flaminius）的战略。当汉尼拔穿过遥不可及的亚平宁山脉，并且带领军队经过弗拉米纽斯时，弗拉米纽斯便跟在汉尼拔的后面，他的同伴赛尔维利乌斯（Servilius）当时被派驻在阿里米努姆（Ariminum），正准备带兵南下。可能是汉尼拔掉头向东请求联盟，促使弗拉米尼乌斯（Flaminius）遭遇伏击。关键的是，罗马大将军未充分准备便贸然出战，结果导致了特拉西梅诺湖（Trasimene，意大利中部湖泊名）战役的惨败。因此，由于防御失败，迦太基人得以顺利南下。即使是现在，甚至在坎尼（Cannae）惨败之后，罗马在意大利中部地区的统治力也得到了认可。有了堡垒，不管是联合的还是占为领地，罗马军队能够在不参战的情况下坚守阵地，汉尼拔既不能派兵夺取堡垒，更不能加以守卫。当汉尼拔来到加普亚（Cropa，意大利第二个城市，意大利南部古城）时，罗马人逐渐能够成功的围攻，而不被"汉尼拔到大门口了"（Hannibal ad portas！）了这样的话而闻风丧胆。不仅如此，迦太基人不可能从山南高卢（Cisalpine Gaul）那里得到援助，以增援他们在南方的军队，尼禄（Nero 古罗马暴君）可能带领一支精兵在到达梅陶罗斯河（Metaurus）前加入他的同伴，因为罗马人紧紧控制着亚得里亚海岸中部。战争中的罗马很大程度上得益于以往在意大利中部的战略及其战果，这么说并不是低估罗马的政治实力。在西班牙、西西里岛和意大利以及在后来非洲的军队的维护都是一种战术的训练有关。例如，在叙拉古（Syracase）之前，罗马人讲究行军中的卫生，[①] 使用健康的高地，这使得锡拉库扎市的盟友遭受了瘟疫，不过这也有效抵抗了早期的围城军。在西班牙，军队由舰队协助沿着海岸线前进，在巴尔干半岛，罗马人学会了在作战时借用海外盟友的力量。

　　意大利的第二次迦太基战争表明，罗马以自己的方式面对并解决了意大利南部波河与西西里岛的问题。但西班牙成了一个新的战

---

① 罗马共和国的历史记录中少有罗马军队流行瘟疫的情况，这就意味着他们注重卫生要求。另外一方面，罗马似乎没军医，当然有些高官会自带医生（苏埃托尼乌斯（Gaius Suetonius Tranquillus）的《罗马十二帝王传》中《奥古斯都》第 11 页）。

区。罗马人关心的是西班牙东南部的沿海平原，这是迦太基人之前的控制范围。总之，高原上的西班牙人，让雇佣军应战，而自己似乎准备袖手旁观，让迦太基人和罗马人斗争到底，罗马的胜利仅仅是将迦太基的领地转移到罗马人手中而已。但在公元二世纪，西班牙人对罗马非常不满，罗马虽然时有靠铁腕和公平交易才能获得的短暂和平，也不得不试图要挟那些与其两省接壤的西班牙部落来维护和平。有证据表明，罗马人控制了一些战线，并且在途中有设加固的营地，① 但有时会经过其没有管辖权的高原。开始战役不太顺利，有的是未经侦察，有的是军纪涣散以及领导失误导致节节败退，直到小西庇阿坚决开始减负，只以攻陷西班牙要塞——努曼提亚（西班牙北部古城市）为目标，此举博得大家一致的同意。在后来的一个世纪里，罗马将军塞多留（Sertorius）给罗马政府设了多个战略难关。必须进一步从东边纵深，② 穿过高原，但最终奥古斯都解决了问题，理性地控制着整个半岛。

　　罗马与西班牙主要通过陆地联系，在第二次布匿战争后的二十年里，罗马必须处理滨海阿尔卑斯山几支骚乱的部落，并在波河南部的北意大利恢复罗马的统治。李维叙述了这些事件，尽管提供了很多具体的细节，但并没有明确说明罗马的战略主线，不过罗马似乎虽未占领山区，但仍满足于对海岸和平原的控制。阿尔卑斯山的主线由当地居民掌握，显然这被他们用来当作保护屏障，抵御更危险的敌人。位于意大利和西班牙中间的马西利亚（Massilia）也得其庇护，并在公元前二世纪最后二十五年间里，成为山北高卢（Narbonese Gaul）省的一部分，山北高卢也成为到西班牙的一条军事要道。尽管不久罗马与当时非罗马人统治的高卢南部最强大的部落——埃杜伊人（Aedui）成为盟友，但高卢的幸存者们并未受此影响。

----

①　A. Schulten，《剑桥古代史》第八卷（*Cambridge Ancient History* VIII），第 313，317 页。

②　A. Schulten，《苏埃托尼乌斯》（*Suetonius*），第 107，118 页。

　　另一方面，罗马东北边界的局势相对平稳。阿奎莱亚城（Aquileia，意大利的古罗马城市，452年被毁）建于公元前181年，占据着敞向波河东峡谷的大门，成为从意大利中部调遣过来的部队迅速集结在北部所必经的战略要道。海岸上加强防卫是为了防御黑斯廷（Histrian）海盗，在达尔马提亚行省（Dalmatia，南斯拉夫一地区）偶尔爆发的战役中，罗马的实力有所体现。但罗马没有试图控制该国，或先挺进锡斯基亚（Siscia），再翻过迪纳拉山脉（Dinaric Alps，波黑西部阿尔卑斯山的东南段）这一巨大障碍。① 在意大利北部，罗马化进程本身就慢，又没有辅以有远见的军事政策，若强大的敌人从东北部逼近，防守就成为最大的难题。到了世纪末，当辛布里人（Cimbri）和条顿人（Teutoni）在卡林西亚（Carinthia，奥地利南部的州）出现，把罗马人急得团团转。罗马在诺里亚（Noreia）战败后，有段时间，入侵者占领了通往意大利的道路，但战争风向标渐渐向西移动。这时在山北高卢的故事又历史重演，敌军又未能继续保持胜利的势头。因此马略（Marius）有充足的时间练兵，准备在西部防御。最后，蛮族人兵分几路向意大利逼近。条顿人计划强行穿过普罗旺斯，辛布里人计划从布伦纳（Brenner）出发，在伦巴第（Lombardy，意大利州名）登陆，他们的盟友提古林尼人（Trenurini）则从东出发，向阿奎莱亚（Aquileia）发动进攻。

　　罗马人则聪明地利用其中的内线联系。② 马略在西部大获全胜，而他的同伴卡塔拉斯（Catulus），在波河平原躲过了一场灾难，与其说他有先见之明，倒不如说他运气好；苏拉（Sulla）时刻提防着东部的攻击，还好并未发起。③ 接着，马略胜利凯旋后，带兵进入北意大利，在辛布里人渡过波河之前就对其发动进攻，此役一举歼灭了辛布里人。山南高卢成为罗马军队的一个重要征兵源地而免受讨伐，意大利又一次迎来了和平。但是罗马战略在意大利很快受到再次的

---

① R. Syme，《剑桥古代史》第十卷（*Cambridge Ancient History* X），第355页。
② H. Last，《剑桥古代史》第九卷（*Cambridge Ancient History* IX），第148页。
③ E. Sadée，《莱茵语文学博物馆》（*Rheinisches Museum für Philologie*）第八十八卷，第43页，1939。

考验。大约十年后，罗马的意大利盟友爆发了一场大反叛，其主要兵力潜伏在亚平宁山脉。在意大利中部的北半部，马略进行了有效的防守，但很可能经过深思熟虑后准备通过妥协寻求和解，他的防守之心可能有所动摇。在意大利中部更远的南半部，罗马又面临了萨莫奈人战争中相同的地理问题，因而不得不同等对待。在东北部，罗马人继续牢守南方与西北方敌人之间的要塞。围攻阿斯库鲁姆城（Asculum）最终取得了胜利，其影响力可与森提乌姆（Sentinum）战役相提并论。[①] 尽管过程曲折，也失败过，但最终取得了胜利，虽有政治上的妥协，执行上也勉强，罗马最终都设法渡过了难关。

　　后来的十年间，意大利的冲突基本都发生在战场之外。苏拉从东部返回，北部的亲苏拉派运动搅乱了意大利对苏拉的防御，所以他能不费一弓一箭地从布伦迪西姆（Brundisium，意大利港市）向坎帕尼亚（Campania）行进。[②] 然后苏拉诱敌迎战，既扮演凶猛的狮子又装成狡猾狐狸，终于进入罗马的大门。但掌控这座城市并不意味着就能掌控意大利。伊特鲁里亚（Etruria）、翁布里亚（Umbria）和山南高卢（Cisalpine Gaul）的行动表明，意大利的军事重心正在向北移动。的确，萨莫奈仍是罗马的宿敌，他们孤注一掷进军罗马，但战败后，萨莫奈就失去了军事价值。在伊特鲁利亚和翁布里亚，战争中人员伤亡的程度无法估量，极其严重。另一方面，苏拉和庞培把老兵分散安置在半岛的各个地方，任何风吹草动要调动他们都会被广而告之。恺撒早就意识到山南高卢的军事重要性，他从阿里米努姆（Ariminum）出发，大胆地前进，在内战开始的时候，成功地转移到那些可能会加入庞培的非核心军队，并把敌人逐出意大利。[③] 两位将军深知，不管罗马的形势如何，拿下罗马本身就是胜利的奖赏。恺撒死后，所有行动都受到和他生前一样的地域和战略原则的约束。一旦再次号动老兵出战，意大利北部就成为重要的战

61

62

① R. Garderner，《剑桥古代史》第九卷（*Cambridge Ancient History* IX），第 197 页。
② H. Last，《剑桥古代史》第九卷（*Cambridge Ancient History* IX），第 272 页。
③ G. Veith，《恺撒历史》《Geschichte der feldzüge C. Julius Caesars》，第 231 页。

略区域。

我们现在可以回过头来，细想一下罗马对遥远战区的态度。迦太基被击败后，罗马在北非得到一个新的行省。罗马占领现在的突尼斯（Tunisia，非洲国家）意味着环地中海防线的形成，但当时元老院急于让其一附属国（a client kingdom）努米底亚（Numidia，北非古国，位于今阿尔及利亚北部）来庇护新的行省不受游牧民族的侵犯。直到努米底亚王室发生内乱，罗马人才被迫因为非洲战事而调整军事策略，承担了更多的责任。朱古达（Jugurtha，古代努米底亚国王）野心勃勃，罗马不得不杀了他，但即使那个时候，元老院对北非的控制逡巡不前。罗马迟迟才拿下现在的黎波里（Tripoli），宁愿保留了其附庸国王，去镇守摩洛哥和阿尔及利亚（Algeria）部分地区。

63　　接下来要说的是巴尔干半岛。在奥特朗托海峡（the Straits of Otranto）东部，罗马人建立并维护一个保护国，是为了让亚得里亚海沿岸居民（the Adriatic）免受海盗的骚扰，也是为了让意大利远离马其顿危险。[1] 从这个保护国的港口很容易就到达布伦迪西姆，这些港口是进入巴尔干半岛的通路，因此，尽管穿过保护国也不顺利，罗马人还是习惯从西边对马其顿发动进攻。这些路途中的困难困扰着许多罗马指挥官，还需要与希腊的盟友适当地合作，才能有效对抗马其顿。另一方面，罗马为了避免过分依赖盟友，在最终击败马其顿后，军队经从埃里提亚古道（Via Egnatia）的底耳哈琴（Dyrrhachium）到塞萨洛尼卡（Thessalonica，希腊中北部港市）路段，到达北爱琴海。但消灭强国马其顿后，罗马的肩上多了一个责任，即防止北方的蛮族人进入希腊。马其顿想要征服位于爱琴海和多瑙河之间的国家，实力远远不够，因此它总能去觊觎其他国家了。罗马虽有实力，却满足于让驻守马其顿的总督们带着游兵散勇去小打小闹赢点胜利，而自己就可以避开防守这一大问题。[2] 引人深思

---

① H. A. Ormerod，《古代的海盗》(Piracy in the Ancient World)，第 177 页。

② G. H. Stevenson，《罗马行省管理》(Roman Provincial Administration)，第 78 页。

的迹象随处可见：当米特利塔特斯（Mithridates）开始与多瑙河下游的部落接触时马库斯·卢库鲁斯，那个有个较著名执政官兄弟的人，被派前去吸引他们的注意力。但毫无疑问，西塞罗说得对，他认为马其顿作为一个省，其边界不会扩展到罗马武力所及之外。[①] 至少罗马共和国后期一定掌握了必要的地理知识，这些知识足以表明多瑙河是罗马必守的一条防守线，但罗马宁愿把主动权交给蛮族人，罗马人一取得胜利就很满足，当然这些胜利都是未来战争胜利的铺垫。

64

越过巴尔干半岛就是小亚细亚，在战略上小亚细亚直通叙利亚古国（Syria，含现今叙利亚、黎巴嫩、以色列及周边地区）。在公元前133年，罗马受到帕加马王国（the Kingdom of Pergamum）的遗赠，在小亚细亚站稳了脚跟。至今，罗马一直试图避免对达达尼尔海峡（Dardanelle，小亚细亚半岛和巴尔干半岛之间的海峡）以外的地方承担责任。不管出于什么原因，罗马接受了遗产，但又试图不尽全责。亚细亚省受到周围附庸国的保护，对罗马的羡慕使得他们效忠罗马。但是，当米特利塔特斯（Mithridates）的野心破坏了力量的均衡时，小亚细亚的军事问题不得不让罗马直接面对，就像亚历山大大帝之前的希腊人和现在的希腊人一样，都未成功解决这一问题。罗马很清楚，从西边成功入侵小亚细亚就要有两手准备，一是组织供应后背补给，二是夺取城镇和壁垒森严的要塞。贺拉斯（Horace）的"卢库鲁斯的一位士兵"（*luculli miles*）记载了他对抗卡斯特拉（*Castella*）王室的功绩。[②] 在卢库勒斯之后，庞培押运罗马的武器到叙利亚，加强了小亚细亚和叙利亚的防御工事，现在二者合为一体，从战略角度上，建立了科马杰内王国（Commagene），以此占据幼发拉底河与两个地区的入口。大致看来，更靠近亚洲的海岸也成为了罗马的领土，虽然在这个区域内，附庸国王、城市或信宗主国（temple states）都实行自制。虽然庞培总体上的安排是不错的，但是他却没有明确罗马的诉

65

---

① 西塞罗，《在皮松》（in Pison），第 16，38 页。

② 贺拉斯（Horace），《书信体诗歌》（"The Epistles" Book II），第 2，26 页（这里是 A.D. Nock 教授推荐的）。

求，或者给帕提亚（Parthia，亚洲西部古国，在伊朗东北部）划清确切的国界，也没有认识到亚美尼亚（Armenia）的战略重要性。

高卢是罗马要关注的最后一个重要地区，这是一个有多种地域特点的国家。恺撒来到的时候，高卢人不再是蛮族，也没有出现西班牙带来的种种困难。国内道路通畅，也有潜力发展河运。[①] 高卢地域辽阔，人口众多，必然需要恺撒的战略洞察力、灵活性以及在细节上击败敌人的战术，才能征服它。[②]《高卢战记》开头第一句话"高卢一分为三"（"*Gallia est omnis divisa*"）记录着恺撒大部分的成就。罗马征服高卢可谓是速战速决，世人对其的赞誉并非言过其实。但即便在这里，我们也可以看出来，罗马不愿直面山地战的困难：征服高卢的可以说是从马赛（Marseilles）开始而不是罗马；直到奥古斯都（Augustus）到了后，小圣伯纳德山口（在法国与意大利交界处的阿尔卑斯山上）和大圣伯纳德山口（阿尔卑斯山脉的山口，在瑞士和意大利边界）（the Little and Great St. Bernard）——从意大利到中部高卢和莱茵上游最短最方便的路线——这两条路线才向军队和商人自由开放。[③] 在恺撒征服高卢之际，克拉苏（Crassus）曾试图入侵帕提亚，但并未成功。他的失败暴露出在抵抗一个军需完备的远途攻击时，[④] 罗马战术自身存在的弱点，同时沙漠也是难以对付的敌人。另一方面，帕提亚帝国的组织不合理，未乘胜追击，导致叙利亚被占领。克拉苏的失败很难证明入侵帕提亚战略正确与否。我们也不知道十年之后恺撒打算如何解决这个问题，虽然有些学者写得好像知道一样。我们也不知道恺撒有多么迫切地推进罗马的步伐。后来安东尼的行动并没有解决这一问题，因为他的失败主要是由于意外损失了几乎整个炮兵连，这一损失导致罗马人在小亚细亚

---

① T. Rice Holmes，《恺撒征服高卢》[2]，第 11，16 页。
② H. Delbrück：《战争艺术的历史》（Geschichte der Kriegskunst）[1]，第 548 页。
③ 恺撒：《高卢战记》第一册，第 2 页。赛姆（Ronard Syme），《剑桥古代史》第十卷（*Cambridge Ancient History* X），第 348 页。
④ W. W. Tarn，《剑桥古代历史》第九卷，第 607 页；F. Lammert，《古希腊罗马语文学杂志》（补充）（Philologus suppl.），第二十三卷，第 2 页，1931 年。

战役中取得的优势丧失殆尽。

尽管罗马末代的有些活动虽伟大却往往是被迫执行的，只有观察帝国早期要接管多少烂摊子，才有启发性。公元前 74 年，经过审慎考虑之后，恺撒从容不迫地拿下了昔兰尼（Cyrenaica），这里成为恺撒在北非的临时据点，在亚克兴角（Actium，希腊西部海岬、古城，现称圣尼古拉奥斯角）之后，埃及也加入了罗马共和国的版图中。至此，罗马完全控制了地中海海岸。但奥古斯都要做的是：在与半岛相连西班牙，发展罗马的势力，征服阿尔卑斯高山和巴伐利亚（Bavaria），吞并瑞士和提洛尔（Tyrol，横亘奥地利西部与意大利北部的阿尔卑斯山脉的一个区域）。同样重要的是吞并潘诺尼亚（Pannonia，古罗马中欧省份），以及夺取从阿奎莱亚（Aquileia）起到达拜占庭的交通线，其中途经的地方有锡斯基亚（Siscia）、西尔米乌姆（Sirmium）、贝尔格莱德（Singidunum）、纳伊斯（Naïssus）和塞尔迪卡（Serdica），现在这条路线连接着巴尔干东方快车（Balkan Orient Express）。罗马决心把色雷斯（Thrace，自爱琴海至多瑙河的巴尔干半岛东南部地区）变成其附属国，罗马的武器通过默西亚（Moesia）运至多瑙河。[1] 这是帝国初期所做的努力的结果。在亚克兴角之前，屋大维发动的伊利里亚（Illyria，古代南欧一国家）战役，不是为向多瑙河中部前进做铺垫，而是为加强安全局面，赢得意大利的感激之情。[2] 事实上，罗马认为发动陆战先进入意大利，再进入地中海地区，尽管征服高卢一事把欧洲大陆的其他军事问题都留到后代处理，因为这与欧洲地中海区域的问题不同。

陆上作战仍有两个注意事项。第一个可被称为障碍物及其清除，第二个是军队移动。意大利是一个适合障碍战的国家——意思是打断或阻止敌人的行动。总的来说，意大利的河谷狭窄，不好渡河。

① 赛姆（Ronard Syme）：《剑桥古代史》第十卷（*Cambridge Ancient History* X），第 352 页。

② M. P. Charalesworth，引用同上，第十卷第 84 页；赛姆（Ronard Syme），同上，第十卷，第 355 页；E. Swoboda，《屋大维和伊利里亚》（*Octavian und Illyricum*）。

因此，在这样一个国家里，堡垒始终起着重要的作用，罗马人在选择盟友或属地的时候，精明地利用了这一事实。似乎有很长一段时间，防御工事之术比夺取要塞的进展更快。当然到目前为止可以说，罗马人没有对其中任何一种技巧做出过特别重大的贡献。在五世纪之交，希腊的设防技术日渐成熟，罗马工程师尽管也是一流的，但是似乎自由地借鉴更加方便。确实有一些证据表明，四世纪时，罗马的防御工事很多要归功于希腊的建筑工人，这些人有的来自大希腊（Magna Graecia，古希腊在意大利南部的殖民地）区域，有的来自西西里岛。① 在第二次布匿战争中，一些意大利的城池固若金汤，汉尼拔若想拿下城池，就要付出惨重的代价。当汉尼拔在野外指挥行动，一直和军队并肩作战，这些防御工事则成了罗马军队的庇护所。然而，就是这种技巧，罗马人把需要加强的地方被特别地圈出来，以防敌人占用意大利的主要路线。

然而，似乎二世纪时，长治久安导致了对堡垒建设的疏忽：至少有证据表明苏拉在位时，意大利曾修复并改善过防御工事。② 虽然缺乏直接证据，但意大利的国内战争（Social War in Italy）似乎已暴露了一些弱点。不管是防御工事，还是攻城围城，罗马似乎都向希腊借鉴，尽管罗马军团经过长期训练之后，在造城之术的时效性和牢固性上，可能都大大超越了希腊人。共和国最后几十年间，罗马人似乎已经拥有了高超的技能，而不用牺牲精兵的生命此类惨痛的代价，就可以夺取城市还是攻占小的要塞。尤其是在小亚细亚，那里的城堡和小据点星罗棋布，罗马人高超的技能在此得以施展。到目前为止，至少可以看到从二世纪到恺撒时期，罗马人架桥过河的技术突飞猛进。莱茵河上那座著名的桥并不是罗马人唯一的作品。

---

① G. Säflund：《罗马共和国的城墙》(Le mura di Roma repubblicana)，第173页；参考 I. A. Richmond：《古罗马研究期刊》(Journal of Roman Studies) 第二十二卷，第235页，1932。

② Lehman Hartleben P. W. s.v.《古代城市规划》(Städtebau) 2052期和 Säflund《古代城市设计》(Städtebau) 2052期，187页；比较阿庇安（Appian）：《罗马内战》(Bellum Civile) 第一卷，第66，303页。

我认为，另一方面，罗马人也不善于山地作战。从他们一贯的战略可以推理出来：占领低地国家，宁愿消灭或封锁任何山区也不试图通过直接进攻控制山脉。

接下来要说的是军队移动。除安营扎寨的习惯外，罗马深思熟虑战略的特点不是由于罗马军队缺乏流动性造成的。一般来说，在罗马共和国后期，越来越明显，罗马军队可以非常轻松地行进。从马略（Marius）开始，至少罗马军团可以押运很多军械，运输安排有序，划分合理，从而保证为各分队服务到位。不仅如此，军队走到哪里，马、骆驼等驮兽也能运输到哪里。罗马的战争实践中，投掷类武器的节省以及罗马以就地取材，制造战争武器的本领来看，所谓的弹药和大炮并未妨碍军队的发展前行。前面提到过，罗马人对军需物资总是未雨绸缪，同时罗马人避免大吃大喝。他们需要的骑兵力量相对较小，采集饲料就没有那么紧迫；或者的确雇用相当多的骑兵，但这些骑兵总体上素质较高，能自给自足。另一方面，确有饲料的需求时，战役就被限制在夏季。事实上，在底耳哈琴（Dyrrhachium）战役中，恺撒大胆决定去封堵庞培的一个原因是，他想通过控制马匹的饲料来源，进而来削弱对方骑兵的力量。①

罗马人擅长行军打仗。你可能记得萨克森元帅（Marshal de Saxe）的那句著名格言——"兵法和战争的胜利全倚仗士兵的腿来实现"。一代枭雄拿破仑还说过另一句名言："战争的秘密是行军12里格（league，旧时长度单位，相当于3英里或3海里），打一场攻坚战，再行军12里格，继续追击。"虽然不用在意一些关于罗马军队行进力量的古老的说法，但真实也许就是这样，罗马最精练的军队能达到拿破仑上述的要求——看看恺撒在日尔戈维亚（Gergovia）和法萨卢（Pharsalus）的老部队，整体上罗马士兵在任何困难情况下，都没有拖后腿。罗马军队规模较小，非常方便：有助于避免在行军途中资源的损耗；就军队规模而言，这损耗似乎是以几何级数而不是算术级数而增加的。拿破仑的首要原则是，两个士兵就能打

① 恺撒：《罗马内战》第三卷，第58，1页。

70

败一个士兵，① 他总是适时抓住时机把人召集在一起，来完成了伟大
的壮举。恺撒的首要原则却是，一个优等兵能打败两个劣等兵，虽
然他比其他罗马将军更深入贯彻这个理念，但似乎罗马的惯例更集
中在兵士的质量上，同时避免了兵多但不精而产生的问题。我曾经
说过，罗马人并不是非常擅长侦察，但他们在行军中能够坚定地遵
守纪律，避免太多的损耗，为众人所赞扬；除非是在非常困难的情
况下，如参与安东尼从帕提亚（Parthia）的撤退则是意外。亚历山
大大帝生前活动的范围之广，似乎并不在意距离和地形，拿破仑有
数量不多但集中的辉煌之战役，然而在罗马军事史上，我们找不到
任何信息可与这两者相提并论，但在正常的范围内，士兵的流动性
和耐力基本上能很好地为罗马战术服务。

---

① 作者不详（auct. anon.）《恺撒的战争和写作艺术》，大西洋月刊（The Atlantic
Monthly），第 44 期，第 282 页，1979 年。

# 第四章　对外政策和总策略

在多大程度上，罗马外交政策的最终动机是出于经济考虑的，这不是本章的重点。我们主要分析罗马如何利用战争来进一步实施其外交政策。关于战争的一个著名定义是：战争只是以另外的方式来延续国家政策而已。这意味着政策——尤其是外交政策——不需要战争也能实现其目的，同时当然意味着政策也能有效地防止战争的发生。另一方面，战争这类的暴力手段，是为了取得决策的有利的地位而爆发。外交政策可以为战争做好准备，当一旦爆发战争，外交政策和策略往往会互相作用、相互影响。为达到某种目的而尽少树敌，这显然是个很好的战略方针，同样地，结交尽可能多的盟友也是如此。一旦发生战争，他们便是有利的资产，而不是成为敌人后的负累。而外交政策和策略的"长袖善舞"则部分体现在对未来（包括战争）的预见。因此，我们必须要考虑一个问题，即当面临战争的考验时，罗马如何掌控其外交政策的制定。

从已知的罗马历史来看，罗马与他国结盟是为了提高其国家战略地位，或者从另一角度看，是为了削弱现有的或可能的敌人的战略地位。例如，罗马和她的邻居拉丁人和赫尼西人的结盟，就减少了她的战略责任。罗马与拉丁之间有着一种亲属关系，但总的来说，罗马的早期结盟可以解释为是为她的战略利益服务的，而这也充分说明了其结盟的目的。有些联盟的建立并不是基于对他国的天然的亲情；甚至也不是基于巧合的共同利益，而是根据某些特别的战略考虑而建立的。公元四世纪，① 罗马与萨莫奈人的联盟就是如此。然而，这种联盟很难持久。经济利益共同体之间可能有千丝万缕的关联，但是通常情况下，古代国家对经济利益重要性的认识还是很有限的。而外交政策往往在这种认识指导下制订。本章将涵盖这方面的内容。因此，制订外交政策的目的可能是避免战争、推迟战争，有时甚至是准备或加速战争。

一直以来，至少在古罗马共和国早期，罗马对迦太基采取的外交政策是提高承认迦太基要求的特别权益，有效地避免了与迦太基的战争。对萨莫奈人采用的外交政策则是其成功推迟战争的典范；而在公元三世纪初，对马其顿腓力五世的政策却明显地是为了加速战争。在第三次布匿战争爆发前的几个月，古罗马对迦太基宣战的外交政策，就是为了加速战争，准备战争。

77 　　这或许足以证明外交政策和战略的联系。如果政策事先明确了战争的目的或性质，那么政策也会对战略的制定产生影响。例如，发动一场战争是为了达到一定有限的目的，而非彻底推翻敌人。这种战争可能旨在做出快速的、压倒性的决定，或者可能是通过耗尽敌人的资源或磨灭他们的意志来实现战争的胜利。自克劳塞维茨以来，人们经常对所谓的推翻敌人的策略，磨耗敌人意志策略——使敌人疲劳的策略，以及拿破仑和腓特烈大帝发动的战争进行研究、比较及区分。② 一些研究人员发现，推翻敌人的策略关注的是引发战斗，而磨耗敌人意志战略旨在避免战斗。这两种战略是完全不一样的。腓特烈大帝的目的是延长英法七年战争，消耗敌人的人力财力，以征服他的敌人。当然，最终他的方法也无法避免战争。那么，这些战略和政策能在多大程度上与罗马的军事历史类似呢？在恺撒和庞培内战的第一年，恺撒带领一支军队前往西班牙，并没有进行真正意义上的战斗，在巴尔干半岛上消灭了庞培的军队。尽管恺撒追

---

① 伯里主编《剑桥古代史》第七卷（*Cambridge Ancient History* VII），第 585 页。

② 特别参考 H. Delbrück：《战争艺术的历史》（Geschichte der Kriegskunst）第 1 册随机部分（passim）有 J. Kromayer 在《历史杂志》（historische zeitschrift）上提出的批评，参见该杂志第 131 期，第 393 页。

求的战略是彻底推翻敌人，但是他根本没有想过采用拿破仑式的闪电战略。因为他的目标是在没有实际武器冲突的情况下实现。拿破仑在乌尔姆（Ulm）的歼敌和奥斯特利茨（Austerlitz）的灭敌，采用的都是著名的闪电战的策略。恺撒在西班牙和拿破仑在乌尔姆都达到了他们的目的，因为他们达到了这样一种状态：一场战役，只要精心筹划，就一定能赢。

78

　　然而，战争并不总是按照计划来进行的，而且战争的政治目的可能要通过战略来实现，但是有时看上去策略却不一定与战争计划相符合。让我以罗马对迦太基发动的三次大战为例，简要说明这一系列的观点。第一次战争是为了控制西西里，也就是说，这场战争的目的是有限的。因此罗马不可能当时就想最终毁灭迦太基政权。罗马人的策略是把迦太基人从西西里赶走。在将近十年的时间里，罗马军队操纵着西西里的政务，罗马舰队忙于阻拦迦太基的军队靠近，并确保岛上的通行安全。当时罗马还在非洲驻扎了军队。当迦太基提出谈判时，罗马指挥官提出了不可能实现的苛刻要求。[①] 在我看来，当时这位指挥官做出该战略决策时，肯定没有把罗马的外交政策考虑在内。他希望通过自己的努力赢得打一场一鸣惊人的胜仗。然而他失败了，之后又发生了两次因风暴造成的海上灾难。于是，罗马只好重新沿用了以前的外交政策。又过了十年，罗马人再次起了入侵非洲的念头，罗马舰队开通了前往非洲的道路，迦太基人不得不让步了。罗马保住了她的战略目标，除了赔偿款，没有要求更多。事实上，罗马允许迦太基在西班牙成为有一个新的行省，以此来支付赔偿金和作为对失去迦太基城的补偿。但是罗马人觉察到了迦太基可能会复兴，并很有可能害怕迦太基的复兴（revanche）。大家对汉尼拔进攻罗马的战争及罗马对迦太基的战争都很有争议。在我看来，我认为罗马应该承担主要的责任。[②] 不过，我们主要的意图是研究罗马进入第二次布匿战争的目的。当战争开始时，罗马人

79

① 　T. Frank：《剑桥古代史》第七卷（*Cambridge Ancient History* VII），第 683 页。
② 　B. L. Hallward：《剑桥古代史》第八卷（*Cambridge Ancient History* VIII），第 31 页。

绝不会想到他们会在意大利领土上对阵迦太基军队。在罗马人看来，这并不是一场保卫意大利的战争，也不是仅仅为了夺走迦太基在西班牙的城市，只让其在非洲发展。在战争之初罗马就表示，她的目的并不是打算吞并迦太基在非洲的领地，而是把迦太基视为有威胁的大国来摧毁。显然，正如士兵们所描述的那样，为了牵制汉尼拔，罗马派兵出征西班牙，并计划在第二年对非洲迦太基的势力进行致命性地打击。① 这个计划在汉尼拔进军意大利的过程中被打乱了，并且在与罗马的作战中，迦太基取得接连的胜利，这令罗马在战术上处于被动防御的位置。当意大利的罗马联盟还没有破裂时，迦太基就试图在西西里岛和巴尔干半岛建立一个反抗罗马的同盟，意在将罗马的活动限制在意大利半岛上。② 无论是罗马联盟的瓦解还是反罗马同盟的建立，都将达到迦太基的真正目的，即推翻第一次布匿战争的结果，并确保西班牙的迦太基省的安全。我也怀疑汉尼拔是否想过，推翻罗马共和国取而代之的可能。

那么，罗马是怎么应对的呢？一方面，在意大利，她尽其所能地牵制着汉尼拔，并巧妙地利用军队和要塞来消除卡普亚城的影响（卡普亚与迦太基的联合的一个意大利重要城市）。另一方面在西班牙，罗马继续她的进攻与防守。第二次布匿战争的首要目的是阻止半岛上的迦太基军队到达意大利，其次是削弱并最终取代西班牙的迦太基政权。在经历了各种的起伏，大西庇阿将军被派往西班牙。他追求的是第二个目标的实现，即削弱和摧毁迦太基对西班牙的控制——结果表明，第二个目标远比第一个更加成功。因为尽管汉尼拔的兄弟想方设法地带领了一支军队到达了意大利。但是，他们还是被击败了。罗马人采用了非常聪明的战术，集中了两支军队来痛击敌人。此时此刻，汉尼拔则被困于意大利南部，自顾不暇。尽管如此，这一战术也只是这一重大战争战略中的一段小插曲。在西西里岛，罗马人重新恢复了他们的政权；在巴尔干半岛，通过精明的

---

① B. L. Hallward：《剑桥古代史》第八卷（*Cambridge Ancient History* VIII），第33页。
② 同上，第60页。

联盟和小动干戈，他们与马其顿国王菲利普一直保持着一尺之距，直到他俯首求和。

　　在经历了 13 年的战争后，迦太基人实际上已经失去了西班牙：反抗罗马的同盟已经破裂，而大西庇阿的非洲远征之旅（coup de grace）还在继续。经过新战术的训练罗马军团变得越发强大，同时，与非洲王子的结盟也令大西庇阿实力大增。他只给迦太基人两种选择，要么屈服，要么汉尼拔军队从意大利开拔回来进行殊死一搏。事实上，迦太基确实试图屈服，但是汉尼拔的军队又回来了，并与罗马人进行了一场最后的决战；最终汉尼拔被击败了。迦太基不得不投降，之后的和平条款令其沦落为实力大减的三流国家。第二次"布匿战争"就此结束。我想指出的是，如果你只是片面地观察发生战争的某些特定区域，比如巴尔干半岛；或某个特定时期，例如汉尼拔在意大利取得一系列胜利的时候，你可能会说，罗马采取的是一种"磨耗敌人意志的策略"。但是，如果综观战争的整个过程，就很容易发现罗马从来没有放弃过她最初的目的，就是摧毁迦太基这个国家。事实上，从始至终她一直在追随着推翻的策略。她在巴尔干半岛的外交和军事活动的目的并不是摧毁马其顿的菲利普，而是消灭汉尼拔和推翻迦太基国，这才是她真正秘不可宣（ulterior）的目的。

　　的确罗马人有可能某时会想过要放弃最初的计划，就连大名鼎鼎的费比乌斯也可能十分满足于一次次成功的防御而不是主动出击。我的判断并不是因为他的费边策略（Fabian tactics）①，而是因为他反对派兵远征非洲（当时汉尼拔的军队还在意大利）。② 在非洲战争之前，有"意大利的和平在前，非洲的战争在后"的这样的和平口号，可能会诱惑罗马人采取一种和平的方式，即罗马从迦太基撤军，以换取汉尼拔从意大利撤军。但是，老西庇阿和他的朋友们屡屡得胜，

82

---

①　译者注：费边策略（faire le Fabius）：缓进困敌的策略；慎重待机的策略；拖延战术。

②　B. L. Hallward《剑桥古代史》第八卷（*Cambridge Ancient History* VIII）第 96 页。

捷报频传,这更坚定了罗马灭迦太基的决心。

现在让我们思考一下两代人之后的第三次"布匿战争"。现在罗马的目的,不再是将迦太基视为一个大国来摧毁,而是当作一个城市来毁灭。所有导致这个决定的这些微不足道的理由,现在在我们看来,都无关紧要。无论出于何种原因,罗马决定必须——"摧毁迦太基"("Carthiago delends est")。罗马外交政策也正忙着为这一决定性的打击做准备。迦太基的任何让步都拯救不了自己,罗马人需要的只是战争之前的运作准备。在此,外交政策和外交手段为达到战争策略的目的而如火如荼地进行着。这是历史上罕见的令人发指的罪行,迦太基城被熊熊大火夷为平地,年轻的罗马统帅西庇阿,这个政策的最终代表,低吟着荷马的木马屠城诗句,潸然泪下。

> "当神圣的特洛伊沦陷时,这一天就会到来;
> 普里亚姆,斯皮尔斯之主,普里亚姆的人民都将灭绝。"①

83　　　但是罗马所应得的惩罚并没有到来。西庇阿所担心的报应在几个世纪后才姗姗来迟。道德上的愤慨正在逐渐减弱,成为历史的评判,尽管也可能被强化乃至引发政治行为。所以这里不再继续讨论了。我想说明的是,战争是如何终结外交政策的,以及外交政策如何成为战争的帮凶的。

现在,让我来谈谈古罗马主要的战略特点,以及除了推翻迦太基的外交政策之外,其他领域的外交政策的特点。大多数罗马参与的战争相对复杂,都不能简单地被区分成磨耗性的战争或推翻性的战争。在前面的章节中,已准确地解释过了罗马军队的人员力量和传统,以及罗马人对海洋和土地问题的态度,因此以下的观点也就平淡无奇了。罗马通常对战争的态度是很随意的:一般不把战争看作是对正常生活的暴力问题,而是一种必须速战速决的干扰因素。这是因为在罗马看来,战争并不是一场光荣的冒险;而是一种必须

---

① 波利比乌斯(Polybius):《历史》(Ἱστορίαι)第三十八卷,第22,2页。

制止的罪恶。然而，对罗马来说，对战争的需要远大于制止罪恶。其次，罗马军队的优势是顽强和冷静，而不是咄咄逼人的大胆行动。我们在战术领域所观察到的罗马军队的军事优势，往往也体现在其战略领域中。罗马军队不在意战争伊始的成败，只要确保取得最终的决定权就好。他们在实战中非常自信，耐心地等待着敌人犯错。通常他们会采取保守的位置，战术上，驻扎营地；战略上，搭建一个堡垒的网络，同时努力去争取盟友的支援。所以，罗马投入的战争往往是罗马式的大规模的战役（writ large）。 84

　　此外，就当时罗马指挥高层的情况而言，通常在战争初期，都是些能力平庸的人当任将军。而罗马军队的情况则是，在战争初始，军队有时（也不经常）地通过发现问题来改进问题，这种试探性的而非决定性的行动好像更适合他们。罗马的将军们一旦驰骋沙场，就不会受缚于国内的各种发号施令。马尔伯勒公爵（Duke of Marlborough）在制定战略时受到荷兰专员的种种限制的状况，在罗马军队里不会发生，因为这样他们无法大施拳脚，尽管来自罗马外省（provincia）的指挥官则限制了空间上的战略布局。因为公民的政策，许多战争令士兵采取不作为或错误的行动，导致了恶果；当然士兵们的对重大战略的狭隘的想法，同样也导致了恶果。罗马人的优势在于，他们的政策是由一些有军事经验的人以及一些了解外交政策的人制定的。在对欧洲战争的后期，政治家与士兵们相互抱怨。幸运的是，罗马元老院和罗马的指挥官们对治军和治政还是略知一二的。但是，元老院又不能容忍过于草率、鲁莽又频繁出击的 85
指挥官，而最被他们苛责的是那些贪图荣誉又急功近利的将军们。因此，即使指挥官们对战事的错误判断导致胜利被延误，也不会有人指责他们。在坎尼战役开始的时候，元老院明确指示指挥官们要打一场决定性战役。当战争最终失利时，元老院也主动承担起责任。当打了败仗的瓦罗［盖乌斯·特雷恩蒂乌斯·瓦罗（Gaius Terentius Varro 活动时间公元前 3 世纪）古罗马政治活动家和统帅。］仍表现出对罗马的信心时，反而得到了赞扬，元老院这样做，不仅仅只是为了显示宽宏大量。换句话说，是因为瓦罗服从了元老院的命令，所以没人追究他的责任。当然通常情况下，罗马指挥官的职责是尽其所能地避免失败而不是取得胜利。

在真实史料记载中，罗马的大部分战争并不发生在本国领土上，而在敌国或盟国的领土上，这对于罗马军队的持久战术的运用是很有利的。正如若米尼（Jomini）所说的："在盟国的领土上，很方便使用费边策略（Fabian tactics），因为没有担心他们的首都或外省会有危险的必要。实际上他们只需要考虑当地的军事情况。"[①] 若米尼接着说："总而言之，罗马指挥官最伟大的才能之一就是清楚地知道何时用防守性进攻策略，何时用进攻性防守策略；当然最重要的是，能够在防守性的战斗中重新获得主动权的能力。"罗马人当然也有这种才能，尽管可能只在指挥官替换时展现，或者，以防御或试探型的将帅替换了主动进攻型的军官时，这种才能也会得到体现。我们可以对比下，在美国南北战争过程中格兰特将军的任命前后对美国内战的影响。因此，整个罗马共和国时期，令人尊敬的伟大的将才辈出，找到天生就适合各种战略的人不难。元老院将作战行动范围的权力分配给每一个地方治安官，以此来贯彻战略方针，但在权利分配后，并不干涉指挥官对战事的判断。

罗马擅长打持久战的另外一个原因，就是罗马军队作战单位往往相对较小。这就大大降低了对将军们纯作战技术的要求，同时也大大减少了个人逆转战役或改变战争命运的可能。另一方面，通常罗马不愿意或者也不适合集中力量，来实现迅速地、压倒性和决定性的胜利。

最后，罗马战斗的主要原则是唯有取得胜利后才能缔结和平。但是共和国上上下下，容易满足于取得某场胜利，即使这个胜利不足以摧毁她的敌人。罗马人不屈不挠的精神体现在，虽也有令他们惧怕的敌人（当然这种情况不总是发生），罗马还是能够保持平静对待的。维吉尔有句著名的诗句："御降人以柔，制强梁以威。"（*parcere subjectis et debellare superbos*）这句诗公正恰当地总结了罗

---

① Antoine-Henri Jomini：《战争艺术》（précis de l'art de la guerre），第 144 页。

马的战争政策。当然，打击的策略往往可能会先于赦免的策略。在思考过上述的问题之后，让我们来考虑一下罗马在第二次布匿战争后的外交政策和主要战略。

在政策和战略方面看，罗马人从第二次布匿战争中有何收益呢？我认为，他们已经发现，战争应该尽量避免，罗马和意大利的军事实力不能太以为然。在西班牙和意大利北部，想要有所动作是不易的，但在亚得里亚海之外，罗马人发现很容易利用埃托利亚人（Aetolians）对抗马其顿的菲利普五世。接下来，罗马人对蠢蠢欲动的结盟开始感到不安，比如迦太基曾反抗过他们。因此他们会相信，不久之后，马其顿和叙利亚可能会联合起来反对罗马。第二次马其顿战争的爆发主要就是因为这个因素，[①] 此外，担心马其顿会成为海上霸主也是原因之一。

后一个世纪几十年的开放给罗马带来了广泛的希腊式外交经验，因为希腊的国家为了政策和获得利益，正努力争取获得罗马人的帮助和同情。当元老院发现，就凭罗马的声望，以及罗马对许多重要事件的公正判决，就能带来如此多的积极影响时，当其他轻松的方式不起作用时，元老院自然更加会把战争视为一种有效手段。罗马这位坦诚的"代理人"（broker），发现可以轻易收取佣金，而且数目诱人。自从亚历山大越来越多地使用仲裁手段，罗马人的本土法理在其他国家就更加通行无阻。外交活动逐渐替代了军事行动。另一方面，当元老院认定马其顿国王珀尔修斯（Perseus）是个威胁时，他们便在采取军事行动前，还谨慎地进行了一些外交准备活动。

因此，我们现在发现外交政策可以替代战争，可以备战。当然，这其中也有对威望的利用，更多的是为了获得威望、嫉妒强手、鄙视别国的自强自尊而进行的种种活动。这一点在罗马对叙利亚的政策中尤为明显。在与罗得岛的最后一次外交交涉中，罗马的政策已

_____

① M. Holleaux：《剑桥古代史》第八卷（*Cambridge Ancient History* VIII），第 158 页；也可以参考菲利普和安条克之间的协议是一个罗德岛人捏造的说法；D. Magie：《古罗马研究期刊》（Journal of Roman Studies）第五十四卷，第 32 页，1939 年；文献选自第 34 页，第 10 条。

89  经没有善意且目光短浅。正如前面提到过的，罗马已经无法再保持其强大的海上霸主的地位，虽然罗得岛的衰弱给提洛岛（Delo）带来了好处，提洛岛的意大利商人也间接分了瓢羹，① 而罗马不允许强大的海军力量监管黎凡特区域（"Levant"泛指地中海东部及爱琴海沿岸的国家和岛屿的水域），反而遭受了巨大损失。到了后一个世纪，罗马才发现，削弱罗得岛的力量是多么不明智，因为罗得岛的利益与罗马的利益其实是休戚相关的。

在西班牙，罗马并没有坚持贯彻实施像格拉古（Gracchi）②之父这样最有才干的罗马人所践行的公平交易、和平调节的外交路线。这是罗马外交政策的一大缺陷。③ 虽然西班牙战争对罗马构不成真正的威胁，但却大大消耗了意大利的人力和经济实力，同时也削弱了意大利盟友对罗马的忠诚度。毁灭迦太基是一种罪行；毁灭科林斯（Corinth），虽然达到了摧毁希腊精神的目的，却给希腊人留下了深深的痛苦和刻骨的仇恨，这些情绪在米特瑞达蒂克（Mithridatic）战争时期都渐渐浮出水面。虽然摧毁努米底亚对西班牙的顽抗和混乱起到了威慑作用，但是，如果当时罗马的政策更明智，两百年之后，西班牙就不会支持塞多留（Sertorius）反抗罗马。罗马的顽强的军事智慧开始于围困迦太基城和围攻努米底亚；以科林斯的沦陷为

90  结尾的战役告终，利用敌人战略而挑起的战争又开始了，④ 但是因此不能说明罗马外交政策和好战行动是一种真正明智的结合。

当然，战争的责任并不仅仅该由罗马来承担。由于武力和狭隘的利己主义盛行，各国若要维持智慧与和平，则不能有他国的反对才行。战场上人为的因素虽也会对战争的结果产生影响，正是由于马尔西乌斯·菲利普斯（Marcius，Q. Philippus）的天性，罗德

---

①　M. Rostovtzff：《剑桥古代史》第八卷（*Cambridge Ancient History* VIII），第644页。

②　译者注：提贝里乌斯·塞姆普罗尼乌斯·格拉古：古罗马政治家，平民派领袖，其父老提比略·格拉古曾出任前177年和前163年的罗马执政官。

③　A. Schulten：《剑桥古代史》第八卷（*Cambridge Ancient History* VIII），第314页。

④　P. V. M. Benecke：《剑桥古代历史》第八卷（*Cambridge Ancient History* VIII），第303页。

岛人走向了毁灭。而在与叙利亚打交道的过程中，教皇莱纳斯那专横霸道的天性比任何时候都表现得淋漓尽致。在非洲，朱古达（Jugurtha）迫使罗马采用不受元老院支持的政策，并在北方需要他的军队的时候自作主张，这些自作聪明的做法导致了他可悲的命运。精明诚实的策略确实可能会阻止对辛布里和条顿的进攻，这一策略对高卢和西班牙的自由是威胁，对行省高卢和意大利则不然，但当这一政策不被采纳时，那就只剩下武力解决的途径了。军事的需要迫使罗马进行军事改革，而这些改革往往与元老院的传统惯例格格不入。在公元一世纪末和二世纪初，罗马历史记载不够完整，掩盖了罗马的战略政策，同时，政治因素和个人野心的作用也混淆了罗马的战略政策。

当时，由于意大利盟友的疏远，罗马面临着同盟战争带来的政治和军事问题。马略知道，罗马的军事力量需要被调解，而不是被用来摧毁意大利。他的防御方式没有得到元老院的欣赏。在许多方面，战争的整个过程类似于萨莫奈战役。但是从米特瑞达蒂克的威胁和幸存的政治智慧中，大家找到了一个解决方案，即使方案也乏善可陈，但却又使罗马成为意大利半岛的主要力量。但即便如此，罗马国家的分歧也在敌对派系的冲突中体现出来。苏拉被迫一边留意着意大利国内事务，一边竭尽全力对付米特瑞达蒂克。同时，罗马也越来越依赖于指挥官们的技能和威望，因为这样才能获得军队和装备。元老院也很难对战略做出恰当的调整。马库斯·卢库卢斯[①]在黑海的行动很可能与他的兄长在小亚细亚的行动密切相关。毫无疑问，新模式中更专业、更同类化的罗马军团比以往的任何罗马军队都快速高效，这无疑弥补了政策上的失误。在庞培攻占东方国家期间，元老院授予庞培调动地中海海军的权力，以打击海盗，最终有效地控制了地中海这一带。我们发现，这或许是罗马共和国历史上军事和政治活动的最后一次合作。庞培没有与帕提亚

91

92

---

① 译者注：马库斯·特伦提乌斯·瓦罗·卢库鲁斯（Marcus Terentius Varro Lucullus，约前 116 年—约前 56 年）是罗马共和国后期的军事人物、执政官。

（Parthia）达成暂时的妥协（modus vivendi），这就产生了一个问题，这是克拉苏解决不了的问题，以至于重建罗马的威望迫在眉睫。

对于征服西班牙北部和阿尔卑斯山脉一带，罗马要么没设想过，要么由于其他政治干扰而延误了具体的行动。恺撒对高卢的征服是否真的增加了罗马的安全感和加强了其力量，这是有争议的。但在这过程中，罗马最伟大的战争之神训练出了罗马历史上最强大的军队。罗马内战的战略，从个人角度来说，主要是杰出的将军们运筹帷幄，他们精于谋略、长于用兵。关于将帅之才这个问题，我们将留到下一章节讨论。

现在大致可以总结：可以回顾下罗马外交政策和军事战略的相互作用。这告诉我们，在罗马大部分历史中，其外交政策应该被归类为一个持续的、合逻辑、会外交或懂战略的政策。事实上罗马的政策是平庸乏味的，行动就像国际象棋上的"车"或"象"，而不是"马"会跳跃到下一个不同颜色的方格那样令人愉悦。罗马权力的外延一直在稳步地继续着，给人一种坚持目标的感觉。但是通过仔细地观察，你会发现在罗马政策中也常有即兴发挥的情况，也有因为问题的自行解决而随时准备中止的状况。例如在二世纪，罗马对西班牙的政策艰难地维持着；尽管人们从同一时期罗马对东方的政策中可以察觉到，先逐渐消除一种力量，再消除另一种力量，尽管罗马也不愿意看到这种局面，但她却是被动接受的。有时罗马对希腊似乎是友善的，这不是因为罗马想要保存希腊的原样，这应归功于受过教育的罗马人对古希腊伟大文明的仰慕。[①]这在一定程度上，部分是因为一些名人的影响，但是，由于在那时元老院对制定政策的指导是切实有效的，所以这个说法也不能不全信。毕竟，元老院是由贵族集团成员组成，因而个人和家族仍然会对政策的制定产生影响。

元老院也必须根据所获得的信息开展行动，有时似乎会被利益团体所误导，因此，政策的调整必须取决于可靠的信息。由于这个原因，罗马对马其顿的政策有时似乎会有变化。在罗马共和国的最

---

① M. Holleaux：《剑桥古代史》第八卷（*Cambridge Ancient History* VIII），第 159 页。

后一个世纪，国内政治事务引起的关注，指挥官们膨胀的野心，人民的干预或有钱人的干预，都会让政策走向不合理或不连续的主题。例如就像元老院错误地判断了高卢的形势一样，罗马的盟友埃杜维、新入侵者赫尔维西亚和原来的入侵者阿瑞欧维斯图斯之间的关系也被错判了。看起来似乎是恺撒的雄心壮志导致了扩张政策的推行，对于作为地中海霸主的罗马，这是不合逻辑的。在塞勒斯特（Sallust）① 的历史记载中，"米特利塔特斯的信"（letter of Mithridates）把罗马的政策描绘得很栩栩如生，就像米特利塔特斯亲眼目睹的那样，罗马被描述为推翻一个又一个君主的残酷执行者。不过到头来，罗马人也没有完全放弃他们的归属国君主体制。

94

　　在某种程度上，这里所说的外交政策等同于一种战略。不能忘记罗马并没有现代国家所拥有的训练有素的军人组成的参谋部，在和平时期这个部门可以研究所有可能与罗马交战的国家的军事问题。确实，波利比乌斯（Polybius Aemilius Paullus）② 曾说过，"有些人的娱乐方式就是在国外的社交聚会上大谈特谈如何赢得马其顿战争，而当他们身处罗马国内，则要么大肆批评指挥官们的所作所为，要么细数他们的懒怠失职。"这远不是现在推崇的公民战略。因为罗马贵族们都是或多或少参加过战争的，即便如此也不足以为前瞻性的、战略性的政策提供实现方式。因此，总的说来，一项深谋远虑的战略计划往往缺乏协调和合作。这并不是说，在克拉苏兵败卡莱（Carrhae）三年后，来自帕提亚的威胁是多么严重，这种可能性不大。但是西里西亚（Cilicia）的总督西塞罗虽与叙利亚总督之间有着，而元老院的无所作为使得西塞罗只能黯然离去。③ 战略智慧并不总是高于党派或个人的利益。

95

---

① 　塞勒斯特（Sallust）罗马史学家。《历史》第四卷第69页莫林布雷彻编辑。
② 　波利比乌斯（Polybius）：《历史》（Ἱστορίαι）第五十四卷，第1页；李维（Titus Livius Livy），《罗马历史》第六十九卷（The History of Rome），第22，8页；普鲁塔克（Plutarch）：《希腊罗马名人传》之《埃米略·保卢斯》（Aemilius Paullus），第11页。
③ 　西塞罗：《给朋友的信》（Ad Familiares）第四卷，第1，2页。

　　此外，驻扎在意大利的几个中央战略后备军团，可以随时开拔，解决威胁来使罗马共和国从中受益。但是罗马拒绝用这个方式来解决政治经济上的困难。奥古斯都大帝迫切地想要维持元首统治的平民色彩，即便建立了常备军，他也没有把储备军派往最需要的地方即意大利北部，而是倾向于让军团继续驻扎在西班牙，或让军队在驻点间移动。[①] 这是他和他的直接继任者所能做的，因为总的来说主动权在罗马手里。但这并不完全符合当时的情况，在罗马共和国的最后半个世纪执政者备受批评，因为没有调整主要战略政策以匹配其对外扩张所创造的地位。

　　罗马的外交和军事政策中，肯定会有一些因前后缺乏逻辑带来的问题和一些即兴发挥的内容。但是自始至终，罗马表现出的良好的军事天资、极大的耐心和勇气，通过调整来适应目的，都助长了罗马的成功，而其他古老的国家则从未被胜利之神眷顾过。确实在很大程度上，罗马的成功源于她对战争的本能反应，源于人民群众的支持，源于军事组织的运作和将军们的杰出才能。

　　对罗马将帅精神的研究，不是空谈军事专业：这种将帅精神受制于罗马这个国家和她的士兵的特点。这也不仅是简单地研究一些杰出的人物，因为我们需要了解的是对罗马将才总体的认识。虽然特点还是重要的，因此不仅要研究整体的特点，还要突出共和国军事史上一些重要人物的战略技能特征。

96

---

① M. Holleaux《剑桥古代史》第十卷（*Cambridge Ancient History* X），第 598 页。

# 第五章　将帅的领导力

　　在之前的章节中讨论了罗马共和国战争艺术中一些亟待解决的问题：包括罗马陆军和舰队的特性，罗马人对海战和陆战的军事分配体现出的对海域和陆地的不同态度，以及从宏观层面来说，政策和战术的相互作用。上述问题形成了罗马将帅领导力的基本框架。但是在这个框架内，将军的统帅不能代表全部：说某位将军赢得了战争，这种简化通常只能令人误解。历史记录中呈现的仅仅是战争的一小部分，真实的历史中战争是更多士兵的厮杀战斗。同样，对一个将军的评判也不能只凭战争成败而论。"平庸的将军也会打败优秀的将军，但这并不意味着优秀的将军比他们差。"[1] 我们通常高估战争中将军领导力的重要性。军事院校的学生，一般都可能成为将军，因此他们训练士兵，也会带有这种想法。克劳塞维茨（Clausewitz）曾写道：存在一种武德（military virtue），这是士兵们应该拥有的；而有天赋的指挥官需要顾全大局。（"This is for the parts what the genius of the commander is for the whole."）[2] 罗马士兵拥有这种武德正弥补了罗马天才指挥官的缺乏。士兵们的武德不尽相同，若米尼（Jomini）[3] 引用了一句西班牙谚语"那天他是一个勇敢

---

[1]　Jomini，《战争艺术》( précis de l'art de la guerre ) 第 90 页。

[2]　卡尔·冯·克劳塞维茨（Carl Von Clausewitz，1781 年 7 月 1 日—1831 年 11 月 16 日），普鲁士将军，军事理论家。《战争论》（On war），格雷汉姆（Graham）翻译，蒙德（Maude）编辑，第一卷，第 152 页。

[3]　同上，第 647 页；可以比较威灵顿将军在塔拉韦拉战役后评论自己的军队的话："两周前击败两倍于我军的军队后，现在哪怕与只有半数军力的法军对垒，我都会忐忑不安。"（"with an army with a fortnight ago beat double their numbers I should now hesitate to meet a French corps of half their strength"）

的战士"，这表明人们并不一直保持勇敢的状态，他还补充道"我们不能将罗斯巴赫（Rosbach）战役中的法国人和耶拿战役中的法国人作比较"。存在差异是正常的，但是共和国时期的罗马人差异比其他国家更小，他们相对保持如一。整体看来，早中期共和国的体制下，将军不是从士兵中出来，罗马的统治权在于对战争的控制。但是战场上的将军拥有平民没有的权利。一般的护民不能怠慢他，罗马统治阶层拥有法律的支持，这也让将军们拥有了足够高的权威。

两位指挥官由两位执政官推选，他们职位相等，但有时处于对立，这导致战场上分立的危险。但是罗马人没有意识到这种危险的实际存在：为了减少风险，他们仅仅通过将两位执政官的军队混合，或者建立独裁权，然而在共和国早中期的危险时期，这种做法会给一个将军至高的权力。这种军队一旦失去独裁权，元老院会部分取代它，因此对将军的任命来替代"双指挥官"的方式。

101　　共和国早中时期，罗马军队指挥官由地方治安官和前任治安官共同授权并委任，总而言之，指挥官是一场选举的副产品，而选举所关心的不仅仅是军事问题。美国总统是首席司令官，根据综合素质而非军事才能竞选，虽然亚伯拉罕·林肯能够指挥战事，但一般的总统在战场上绝对不会做指挥的。而罗马的执政官或者是地方总督会成为活跃的将军。我们都相信罗马人对待战争比现代人更严肃：他们不会任由战争受到等级制度的束缚，虽然他们并不情愿选举一个没有军事能力的人，而在美国，非军事的能力才是保住官职的权宜之计。

当然，实践是最好的检验（But of course the proof of the pudding is in the eating.）。需要思考的是罗马将军到底有多平庸，这种平庸对罗马有多大的影响。比起一般的军队，有些军队没有由于将军的平庸而受罪；有些军事制度对将军要求甚少。假如你将罗马委任的平

102　　庸将军和罗马取得的胜利放在一起对比，自然可以得出这样的结论：罗马军队以及罗马士兵对将军的要求并不高。职业老兵在写罗马战术时发现，共和国最后十年取得的胜利之多，实在是不可思议。他们承认罗马也有少数的军事天才，但是在这些老兵的眼里，罗马普

通将军不能被称为职业军人，也不适合对他们发号施令。

几个世纪以来，罗马的指挥官一般都是30到40多岁的地方行政长官，他们几乎没指挥过军事活动，只当过几年兵；基本上，他们只管理百姓，因而几乎没有军事管理方面的知识，除了在家中有将军职位的人或者曾经服务过将军的人受过一点训练外，再无其他了。在波利比乌斯对激烈战事的记载中，就有关于阿卡亚同盟（Achaean League）的将军的如下描写：

> 想要领导战事，有三个方法。首先是研究历史，以及了解历史中使用的装备；其次，是了解专业人士撰写的科学论证；最后积累在战场上的实际经验。但是这三个方面都没有得到阿卡亚同盟将军的重视。[①]

通过这些证据可以评判出：直到公元一世纪，大体上，罗马的将军可以做到前两个方法的学习；而普通的执政官普遍缺乏第三条即战场经验。近公元二世纪，马略（Marius）嘲笑贵族年轻人以为读了几本希腊兵法战术专著就可以领兵打仗，这也表明当时阅读兵法手册很流行。[②] 我们也可以发现，弗朗提努斯（Frontinus）的《谋略》（Strategemata）一书中记录了公元一世纪时的罗马将军运用了希腊将军的装备的相关史实，其实这本不需要刻意模仿。顺便说下，如果分析弗朗提努斯描写的军事装备，会发现罗马人自己是很难造出充满创造力的装备。到了共和国末世纪，将军在地方行政官任期时较多委派副手（legati）工作，这给有经验的士兵提供了额外升职的机会。但是直到罗马共和国最后几十年，大量的有作战天赋的将军才出现，因为他们已经有了较多的训练和长时间的战争经验。

这并不是真正的问题所在，虽然作为指挥官的将军年龄不是很重要，但是罗马人却避免使用年长者做将军。因任用年轻时胆大妄

103

---

① 波利比乌斯（Polybius）：《历史》（Ἱστορίαι）第十一卷，第8，1—3页。
② 萨斯特（Sallust）：《朱古达战争》第85，12页；参考西塞罗：《给朋友的信》（Ad Familiares）第四卷，第25，1页。

为、好谋善断，年长时又优柔寡断、平庸无奇的将军而惨遭失败的国家不在少数，① 罗马就是例外。在后来的军事历史中，很少有将军不经受长时间专业的训练就获得巨大的胜利。你或许会想起克伦威尔（Cromwell），华伦斯坦（Wallenstein）以及孔代（Condé），但这样的类似例子很少。有像罗马将军一样年轻的将军，但是他们几乎都从年轻就开始参军；亚历山大大帝、汉尼拔以及拿破仑，在成为军队将领之前，都是在军队实战学习过。

当然光靠军事经验不能成就将领。腓特烈二世（Frederick the Great）发现一个思想顽固之人或许能够在欧根亲王（Prince Eugène）② 的带领下哪怕参加过 20 次战役，也很难成为一名更好的谋略家。现代军队的等级体系使得士兵必须长期服役才能成为高级军官。年长的人也可以担任将军时，但参谋都相对年轻，而这些年轻人是职业士兵出身。罗马将军没有参谋，他的内阁商议官（Consilium）不会参与军事决策。罗马知道让普通的罗马执政官做将军的风险太大。当然，在危机时刻罗马的将才们常常愿意再次出山领军、为国效力，但在现代军队中这种情况比较少见。在另一方面，经验通常会培养人们的另一种能力——临危不惧、冷静应战；假如没有从经验中获得，罗马人的品性中也独有这样沉着应对的特点。

后面必须思考的一个问题是，除了贵族头衔，当权的尊严以及家族的成就，罗马将军必须给他的军队带来什么，他的军队又怎样才能弥补将军的不足之处。罗马共和国最后几十年的战役采取的都是简单的战术和战略。比如对于若米尼来说，战术组合的指导原则

---

① 比如博利厄、本尼德克、巴赞、布勒、默拉斯马克（Beaulieu，Benedek，Bazaine，Buller，Melas，Mack）[引自卡尔·冯·克劳塞维茨《战争论》（On war），格雷汉姆（Graham）翻译，蒙德（Maude）编辑，第一卷，第 188 页]。

② 译者注：弗朗索瓦·欧根亲王（François-Eugène，Prince of Savoy-Carignan，1663 年 10 月 18 日—1736 年 4 月 24 日），哈布斯堡王朝的伟大将领之一，神圣罗马帝国陆军元帅。他与英国的约翰·丘吉尔、法国的维拉尔元帅，并列为欧洲 18 世纪前期最优秀的天才将领。

和战略组合的一样，都是用军队的主力集中攻击敌方的某一部分，攻击的这个点必须是敌军要害。克劳塞维茨宣称一场没有迂回战略的战争就不可能是完整的胜利。相比这类，罗马一般并没有运用过多传统的平行作战之外的战术，而且罗马军队不具备人数优势，因此也无法应用迂回战术了。虽然大西庇阿提出的战术是例外，但他的做法到了后一个世纪就已经完全被人们遗忘了。另一个例外出现在罗马共和国后期，当时老兵军团得到了充分的重视，因为老兵擅长侧翼进攻，且效果显著。

但是在罗马军事历史上，大部分的战役都是采取简单的战术和战略。罗马军队通常很适合通过这种方法达到目的。甚至在罗马军队具备专业素质之前，百夫长就拥有稳定且熟练的战略技能。在意大利盟军的军队中，附属军队的战术指挥必须有效率，这样罗马军团才能指挥得当。在同盟战争中，意大利的盟国与罗马交战时，他们训练出的也是优秀的指挥官，除罗马军队之外，可以说是战无不胜。也可以推断的是，盟军的部队也拥有军团的武德。至少李维所描述的罗马传统里，并没有将罗马的失败怪罪于盟国，因为这样做是没道理的。而且罗马在战术上，并没有因为把握了这种对瞬息万变的机会而取得战争胜利，因为只要战争有一定规模，对机遇的洞察力是所有优秀将军必需的品质，也是有些人最杰出的品质。通常需要主动决定何时接受战斗时，罗马人的方式就是由将军决定。从比李维还要早期的罗马作者的类似作品的讨论中，我们看出这样做的重要性。决定来自将军的深思熟虑后的判断，当然有时经验丰富的下属的建议可能比急躁决策更有用。在战略上，一个缺乏自信的将军可以利用自己对未来局势的判断来选择拖延时间，或者推迟决策给下一任。罗马对军事问题的处理相当严厉，尤其对于那些无力控制局势又以身犯险的将军。

有时候，罗马将军和海军将领会缺乏经验，更常见的情况是，找不到新的战术来应对不熟悉的战术或一些不寻常的情况。错误的判断只是从早期的战斗经验中得出。在特拉比亚（Trebia）会战中，仅有一万名罗马士兵成功地突破了迦太基的防线并逃了出来。罗马

106

107

人认为汉尼拔会被他们集中的精兵击败，结果坎尼反而战败，因为罗马士兵的人数没有提前被确认好，结果乱成一团，人数越多战斗力就越低。然而罗马人很快从失败中吸取教训，而且他们的军力相对庞大，还能完成这场艰苦的战役。罗马将军似乎很少会缺乏胆识，但也有例外。常见的失败源自过度自信、不完善的信息以及糟糕的勘探等。偶尔在危急时刻，罗马的军队也会落荒而逃。共和国还有一些没有完全解决的问题，特别是在面临骑兵使用投掷石的武器攻击的问题。

但最重要的不是去想为什么罗马将军会打败仗——这类话题的证据不够充分——而是为什么他们经常胜利；我将研究这些将军的成就，并且做一些分析。

早期的罗马不乏优秀的将军。有可靠的信息表明，有些将军是在他人失利的情况下反败为胜的。在萨莫奈战役期间，有一次一个大规模的战略进攻，在法比乌斯·鲁利安努斯（Fabius, Q. Rullianus）行军穿越奇米尼森林时，意外地闯入了敌军伊特鲁里亚的侧腹。[①] 这可能归咎于元老院的指示，因为法比乌斯是从罗马出发的。但法比乌斯可是在森提乌姆战役（Sentinum）之前带领罗马军队进入决定性战略要地的两位将军之一。如果法比乌斯可以把这一系列行动记录下来，可以知道他是一个有战略眼光的人。[②] 在与皮洛士（Pyrrhus）的战争中，罗马将军似乎很快就学会了如何"以其之道还治其身"的战术技能。

但总的来说，直到第二次布匿战争我们才能准确地发现罗马将军的优点。事实上，确实为罗马战争艺术做贡献的第一位指挥官就是大西庇阿。虽然有人认为他比拿破仑更伟大，[③] 有点夸张；但是作为一名战略家，他是共和国中期的将军中最勇敢的，他的无畏成就了他。但我却认为他的成功更多地归功于敌人的无能或是他军队整

---

① 《剑桥古代史》第七卷（*Cambridge Ancient History* VII），第 605 页。

② 同上，第 611 页。

③ 李德·哈特（B. H. Liddell Hart）：《更胜拿破仑一筹的人》；《大西庇阿》（*Scipio Africanus*）。

体的战斗水平，而不是他自己的战略判断。他没能完成首要任务之
一——抓住汉尼拔的兄弟并押往西班牙。还有让评论家褒贬不一的
是，① 在与汉尼拔决战之前，他就声势浩大地在非洲内陆行军，我认
为这明显是不正确的。但是在战术上，他确实是一个卓越的创新者，
即使他的罗马战术的思想灵感源于汉尼拔早期的成功经历。他也在
战线中牵制汉尼拔擅长的侧翼进攻，在这方面的表现很出色。② 我
认为在札马（Zama）会战的最后一场战役中，汉尼拔识破了他的战
术并且找到了对应的策略；罗马的胜利归功于罗马军队的战斗水平
而不是大西庇阿的能力。当然大西庇阿控制能力确实高超，这能为
战争的胜利保驾护航，他对士兵的控制力远远地超越其他罗马将军，
因此他的成功必须归功于这种控制力。比起其他罗马将军，大西庇
阿确实优势突出，在长期指挥同一支部队的过程中，在与其他优秀
（但不是特别突出）的将军对垒时，训练部队也训练了自身。要知道
在札马会战、特拉比亚会战、特拉西美诺湖战役和坎尼战役时，大
西庇阿都比汉尼拔的领军经验长。不管怎样，大西庇阿是一位伟大
的将军，一位可以说是"前无古人、后无来者"的伟大将军。

　　事实上，据我们所知，在公元二世纪，罗马几乎没有真正优秀
的将军。在公元一世纪的上半叶，罗马确实赢得了三场大的战役：
库诺斯克法莱（Cynoscephalae，又称"狗头山"）战役、马格尼西
亚（Magnesia）战役以及皮德纳（Pydna）战役。然而，在第一场
战役中，埃托利亚人声称他们在这场战争中起到了决定性作用，也
许确实如此；第二场战役的胜利靠的是与罗马交战的别迦摩王尤
民理的主动性。关于皮德纳战役，我们了解得不多。在这场战役
中，也许是马其顿国王失败了，而不是罗马将军胜利了。但如果遗

110

---

① 例如雷曼（K. Lehmann）《古希腊罗马语文学杂志》(补充)（*Philologus suppl.*），第
　二十一卷，1894 年；德尔布吕克（H. Delbrück）：《战争艺术的历史》（*Geschichte
　der Kriegskunst*）第一卷第 406 页；G. 法伊特：《古战场》（*Antike Schlachtfelder*），
　第三卷第二册第 638 页；同上，第四卷第 626 页。
② 斯库拉（H. H. Scullard），《第二次布匿战争中的大西庇阿》（*Scipio Africanus in
　the Second Punic war*），第 138 页。

留的信息可靠的话，罗马在战争中损失较小，说明罗马带领军队的能力很好。[1] 在公元二世纪的后半叶，罗马优秀军队领袖极少，大部分素质极差。征服了迦太基和努曼提亚的小西庇阿，至少是个优秀的组织者。梅特路斯在与朱古达交战时，也许真的已经解决了将指挥权转交给马略之前的遗留问题。[2] 马略不仅是一名伟大的军事改革家，而且是一名优秀的战术家，从与辛布里和条顿的战役中可以看出他还是个卓越的策略家。虽然古时的证据不全，但也足以证明他必要时是防守战术的高手。在同盟战争中，一名意大利的指挥官说："如果你是个优秀的将军，就下来战胜我。"马略则引用这句话，来挑衅蒂雷纳说："如果你是个优秀的将军，就来让我战胜你。"[3]

　　追溯至公元一世纪，我认为继大西庇阿之后罗马最伟大的将军是苏拉，他是新一代罗马战略大师的代表。他赢得了同盟战争，而在这场战争中，许多其他经验更丰富的将军都战败了；在希腊的喀罗尼亚（Chaeronea），他表现出挑选战场上优秀指挥官的眼光和智谋。很难精确描述他对罗马的战术的贡献，但在他的职业生涯中，确有很多的贡献，他很可能是罗马战术的真正奠基人。的确，战斗时他冷酷而又果断的决心也成了他政治生涯的标志。塞多留（Sertorius）是马略的学生，在西班牙战争中百折不挠。他结合了罗马军队的策略和对西班牙军队的敏捷，并且让整个国家和国民都联合起来。[4] 如果正如我所说的，他是个老军事家的学生，自然不受庞培能干年轻的将军和梅特路斯能干年长的将军的赏识。但在苏拉死之前，罗马军队已经有所成就，军队的性格确实影响了罗马的将军。军队的新军事素质包括军队和将军的关系，都注定影响罗马的

---

[1] 贝内克（P. V. M. Benecke）：《剑桥古代历史》第八卷，第 270 页。

[2] 霍尔罗伊德（M. Holroyd）：《古罗马研究期刊》（*Journal of Roman Studies*）第四十三卷第 1 页，1928。

[3] 普鲁塔克（Plutarch）：《希腊罗马名人传》之《皮鲁斯–马留斯》（*Marius*）第33，4 页。

[4] 参考 A. Schulten：《苏埃托尼乌斯》（*Suetonius*）。

将军，后者就是下面讨论的话题了。

　　各种原因的交织，使军队和他们的首领之间形成一种新的关系。以从军为事业的军团指望他们的将军而不是国家来雇佣他们，之后给他们奖金和土地，等他们离开军队时还有稳定的退役金。同盟战争后的四十年间，时有军事突发事件，都是靠指挥官雇佣效忠他们的士兵来解决的。马略靠他的执政官职位，但是实际上是将军职位，通过军事改革来改变他人。苏拉带领一支军队，穿越了亚得里亚海与米特利塔特斯战斗；不论被本国政府承认与否，这支军队成了他达成目的的手段。也正是他的军队，反抗那些试图控制罗马的人；只要是将军的敌人，他们就会与之对抗，而军队可以因此得到战利品、奖金和定居的土地。暂且不论苏拉为保住权力去实现他认为必要地改革元老院，他所做的一切却开了一个危险的先河。许多有雄心的人都会这样说——"苏拉可以，我为何不行？"(*Sulla potuit：ego non potevo*？)[①] 这对国家或军团甚至是将帅的影响不是这里讨论的对象。新式的将军保护他的军队，细心宽慰他们，既控制军队又保持他们的忠心。有关于同盟战争的记录显示，斯特拉波·庞培乌斯奖励效忠他的西班牙骑兵[②]。恺撒对山南高卢的政治利益如此关心，部分因为这里是他招募新兵的主要地区。将军可以明智地采用晋升和颁发奖章的方式让军队效忠。将军不是只对单独一场战争拥有指挥权，而是指挥在同一地区几年内的战争。他因此变得更专业，对本国的军队培养也越来越专业，随着他政治地位对其军事声誉需求的增长，他开始关注军事声誉了。事实上，罗马共和国在培养一批将军，这批人能够在将自己献身给军队的同时，通过媒介尤其是护民官来发展本国的公务事业。他们要成为成功的士兵；也需要能够为士兵提供参军的机会来维持生计。

113

---

① 西塞罗《给阿提库斯的信》(*Ad Atticum*) 第十卷第 10，2 页。
② 德绍（Dessau）:《精选铭文》(*I.L.S.*) 8888，G. H. 史蒂文斯（G. H. Stevens）《古罗马研究期刊》(*Journal of Roman Studies*) 第九卷第 95 页，1919；C. 西特瑞斯（C. Cichorius),《罗马研究》(*römische studien*) 第 130 页。
　　译者注：Pompeius，Cn. Strabo，斯特拉波·庞倍乌斯（庞培的父亲）(89 B.C.)。

114 　　将军雇佣士兵然后就可以聚集自己的军队。每个伟大的指挥官身边都围绕着能为他提供优秀下属的军事参谋。卢库鲁斯曾是苏拉的陆军副官，还肩负着对付米特利塔特斯的重任。苏拉死后到内战的这段时间里，庞培军事声望最高，他还有军事赞助者。像阿弗拉尼乌斯（Afranius，L.）这样没有政治天赋的人，只能通过军事雇佣成为庞培的副将，彼德利乌斯也是如此。最近有人认为拉比努斯是庞培借给恺撒的。① 在高卢的时候，年轻的克拉苏是效忠于恺撒的；迫于无奈，他重返父亲身边，开启了不幸的叙利亚历程。除此之外，还有一大批士兵，他们的职业军人生涯追随着恺撒的将军生涯而起起伏伏。推荐军事雇佣的方式也是体现罗马社会影响力的方式之一。昆塔斯·西塞罗是演说家马库斯·西塞罗的兄弟，后来被恺撒提拔成将军，因为恺撒很看重演说家能言善辩对政治的影响。后苏拉时

115 期的著名将军卢库鲁斯没有继续这样的惯例。尽管他是个善于用兵，在新战术和军备组织方面表现也很突出，但他既没有训练过一支效忠他的军队，也没有得到政治权力官员的依靠或元老院为他的忠诚给予的鼓励。他自己的部队最后也解散了，并不完全是因为士兵们渴望恢复平静的生活，因为事实上他们解散后又重新加入了庞培的军队。②

　　正如我们所知，虽然恺撒和庞培有合作，但罗马共和国后期的军事人才分为两级，分为庞培的副手和恺撒的副手两类。对于为罗马军队贡献突出的老兵和百夫长来说，也是如此。

　　内战爆发时，庞培的军事才能高于恺撒，但恺撒闪电式入侵意大利后，绝大多数的老兵和百夫长都唯他马首是瞻。③ 恺撒的天赋可以弥补他手下指挥官的不足；庞培和他副手的能力受到了其军队

① 塞姆（R. Syme）：《古罗马研究期刊》（Journal of Roman Studies）第二十八卷第113页，1938。
② 卡西乌斯·狄奥（Cassius Dio）：《罗马历史》残卷第三十六卷（Fragments of Book 36）第16，3页；拉斯特（H. Last）《剑桥古代史》第四卷（Cambridge Ancient History IV），第136页。
③ 《剑桥古代史》第四卷（Cambridge Ancient History IV），第647，899页。

劣势的阻碍。当庞培站在元老院这边时，他必须忍受一些与自己"不同道"的元老院官员的问题，并且一直深受困扰。多密提乌斯①的固执和愚蠢给庞培带来了致命的打击，稍后我会详细说明这件事。此外，恺撒虽是个好将领，却并不能很好地评判自己的军士，以至于他最好的手下并没有一直效忠他，比如特勒波纽斯和布鲁图·阿尔比努斯。但那时他已经赢得了胜利。更危险的是，他未能留住拉比努斯（Labienus），他最得力的副手，内战刚刚爆发，拉比努斯就已离他而去。

这里无需赞美拉比努斯的性格，当然他不适合结党营私。但作为一个参谋，他不仅意志坚定，才能出众，而且在某种程度上看，他能成为未来的将领。比同时代的其他军士，拉比努斯更看到了骑兵和轻武装联合的潜力，②他是后来罗马共和国的遥远的开拓者之一。从战术上来说，他用骑兵赢得法萨罗（Pharsalus）的主意很合理，我认为，除非要对抗天才将领和拥有超强攻击力的部队这样罕见的组合，他已经战无不胜了。拉比努斯离开恺撒的原因可能是，恺撒向安东尼发动了进攻。在腓立比（Philippi）战役中，安东尼取得了伟大的胜利，但没有足够详细的记录，来判断拉比努斯是此役的参谋。作为一个将军，他前进时大胆英勇，撤退时机智无畏：事实也如我们所言，或者至少是现在可以这么说。

在青年和中年时，庞培领军的优势在于他的速度。这点深受西塞罗称赞，也许他的赞扬并不那么明显，但是对西塞罗而言，只要不是充满恶意相加就等同于备受赞誉。但即使在庞培死后，恺撒的一个军官让小加图（Cato）在非洲战争的记述中赞赏庞培的速度。③在底耳哈琴（Dyrrhachium）交战时，庞培打败了恺撒，虽然到末了

116

117

---

① 译者注：Domitius，L. Ahenobarbus（cos. 54 B.C.）in Civil War，罗马内战时的多密提乌斯·阿赫诺巴尔布斯。

② F. Lammert，《古希腊罗马语文学杂志》（补充）（*Philologus suppl.*），第二十三卷，第 2 页，1931 年。

③ 凯撒《非洲战役》（*Bellum Africum*），第 22，2 页；译者注：马尔库斯·波尔基乌斯·加图·乌地森西斯（亦称小加图）。

他未能使出这一优势，却也表现出了很强的本领。在军事上，庞培善于组织，既能训练军队，也能赢得士兵的尊重。在政治上，他却冷漠无情、心胸狭窄、心怀城府，也不会激励大家。正如西塞罗挖苦道：庞培是个"会对敌人暗下毒手的人"（*amans sui sine rivali*）；但是在战场上他就不会如此。尽管古代的条件一般，他却最擅长海陆同时作战。在罗马历史上，庞培曾经有一个对手阿格里帕[①]，其身兼海军上将和陆军的将军，其天赋成就了屋大维的军事胜利，使罗马共和国初露锋芒。阿格里帕是罗马共和国最后一位伟大的战士。

现在回到主题，在共和国的最后几十年，我们必须承认专业的将才更常见，他们的眼界比在罗马历史上任何时候都要宽。罗马军团一直擅长战争防御工事：现在他们对各种工事都非常熟练。这种技能被用来对付非罗马人，像恺撒在高卢所用的手段一样，当内战爆发，军团与军团交战的时候，这种技能用处就更多了。由于巧妙地利用了地形和防御工事，避免战争的艺术发展到了一个新的高度。战争不再是两军交战，部署战斗，一决高低那么简单。战争，不再是徒步行军，一战到底；而是对当时兵法的持续利用，并且把战略和战术准备巧妙结合起来。事实上，虽不是完全没有辎重，士兵整装待发，轻装行动，因此供给受到了重视，这样供给的问题就不会影响行军打仗了。加固以后的城镇可以被巧妙地用作军事据点（points d'appui），但罗马共和国的战事最高潮期间，也并非只是围城作战那么简单。除了罗马以外，几乎没有一个城市至关重要，而占据罗马更像是获得战利品而不是取得胜利的手段。对将军和士兵来说，这种性质的战争都是一个持久的智力挑战。

罗马将军和士兵保持着密切的联系，可能或者事实上就是因为罗马军纪的严明。在李维所写的前十年的历史记载中，几乎全是军队将领和士兵之间的相互指责和埋怨。这可能主要是一种文学手段，用对话来增色故事的叙述性。但是，将军和士兵的关系后来被证明其实是很好的，所以同上述描写相反。如上所述，审判一个主要议

---

① 译者注：阿格里帕（Agrippa），著名的罗马将军和政治活动家。

题应何时应战或发动进攻，对此，将军们认为他们必须与部队士兵一起做出判断。我认为，李维笔下共和国早期的战斗细节与史实不符，且与传统相悖，但是他对于士兵和将军的看法，可能既不能反映他自己没有依据的看法，甚至也不能反映在很大程度上，在奥古斯都统治时代（the Augustan age）与他相似的作家的书写惯例，而这些惯例就是回到中世纪的罗马共和国，这也构成了他笔下早期罗马历史的原材料。

　　罗马共和国后期，将领和职业部队之间常常英雄所见略同。在伊莱尔达战役（the campaign of Ilerda）中，恺撒手下的老兵与他们的将军一致认为，歼灭正在撤退的庞贝军队很重要。① 在法萨罗，当庞培试图让恺撒的人装上所有的辎重以此获得优势，在前进中这些老兵本能地核查了进攻的一切。② 在塔普苏斯（Thapsus），恺撒的军团在看到胜利的曙光后，不再等待将军所期望做出的全面部署出台，就立马自行强攻。③ 罗马士兵对将军们在战场上的特质了如指掌，主要是基于此，士兵才愿意效忠将军。这并不意味着罗马将军允许士兵替他们擅自做决定，更不用说士兵不了解战争目的而导致的危险情况。例如，恺撒或许赞同腓特烈大帝（Frederick）的箴言，但是再亲近的东西［即使是贴身衣物（night-cap）］泄露了他的计划，他也会把它销毁。但是，特别是在共和国的最后几十年里，将军必须获得将士们的信任，以便日后的长远发展。恺撒文集中有一本《非洲战役》（the *Bellum Africum*），其中有一点写得很好，关于当时罗马士兵如何尊敬他们的将军。即使恺撒是一位杰出的将军，而且他的老兵部队也非比寻常，我们仍然可以看到普通的士兵的身影，如《非洲战役》的作者一定很尊重将军，以及为了紧紧掌控手下而不得不做出选择。这是一种既客观又专业的判断，也掺杂着对恺撒的个人崇拜。士兵可能不知道恺撒的目的，但是在既焦虑又危险的

119

120

---

① 恺撒：《罗马内战》第一卷，第 64，3 页。
② 恺撒：《罗马内战》第三卷，第 93，1 页。
③ 恺撒：《非洲战役》（*Bellum Africum*），第 82，2—4 页。

形势下，当他们一看到精力充沛、兴高采烈的恺撒，他们便会鼓足勇气，坚信恺撒非凡的本领和精心的计划会使所有的难题迎刃而解。① 因此，在半岛战争（Peninsular War）中，据说，部队士兵一看到惠灵顿的长鼻子就充满信心，这种信心"似乎增加了千军万马般高涨"。② 但《非洲战役》以前人的功绩为描述对象，哪怕是敌人的指挥官指挥得当也深受赞扬，也有其他古文献记载，引领罗马士兵的不是人格魅力，而是对军事技能敏锐的赏识。在那个时代，晚期共和国的新将领第一要务就是赢得并保持新军士的职业尊严。

121　有人可能认为，专注于战略战术上的战斗准备，不利于应对更广泛的战略问题。有时候即使如威灵顿（Wellington）将军③ 般嗅觉敏锐，再技艺精湛的职业军人也难免会一叶障目、不闻天下。我却认为，甚至在恺撒的军旅生涯结束时，他才开始被精湛战术的限制效应所累。恺撒在高卢是有远大战略的，这是他第一次伟大的军事实践，战争中他精明睿智，他抵制试图称霸各地、利用游击分队来征服高卢的诱惑。但是当他分散了军团，④ 就导致了一场灾难性的结果，我们也许可以认为部分原因是补给不足所造成，还好失利不大，很快就恢复了元气。他从中汲取了教训，在维钦托利发生叛乱这一危险时刻，他设法把两支先前零散的部队合二为一。内战爆发之际，恺撒突袭意大利的伟大设想，证实了他的部队和其主力仍然部署在高卢是明智的决定，随后带军进入西班牙，那里驻守着强敌庞培的大军。假定恺撒的攻击妨碍了庞培将西班牙军队带入意大利，如果多密提乌斯·阿赫诺巴尔布斯（Domitius Ahenobarbus）能够按照第一个战略计划行事，在南意大利建立一支军队，则在战略上，庞培的部署还是合理的，甚至可能成为一个有效的反攻筹码。但计划失

---

① 恺撒：《非洲战役》（*Bellum Africum*），第 10，2—4 页。
② 伯德（W. D. Bird）：《战争的方向》第 298 页。
③ 译者注：威灵顿将军（A. W. Wellington，1769—1852）于 1815 年在滑铁卢击败拿破仑的英国将军。
④ 德尔布吕克（H. Delbrück）：《战争艺术的历史》（*Geschichte der Kriegskunst*）第一卷，第 548 页。

败后，庞培决定离开意大利，想法也还算是周全的，虽然此举没有让西塞罗称赞。[①] 恺撒消灭庞培在西班牙的军队后，越过巴尔干地区与庞培对峙。庞培取得在底耳哈琴的胜利时，他决定尾随恺撒到希腊，而不是去意大利，我认为这合乎情理；当然也有人认为，军中贵族迫使他决定进行法萨卢一战，这才是军事失误，但我并不以为然。[②] 总的说来，庞培证明了自己是一位方方面面都杰出的军事家，可以迅速又果断地打击海盗的人，才配得上叫庞培。但他的军队在法萨卢之役中首先战败，而这一打击削弱了他的理智，这一打击也使得他会变得自暴自弃。我认为，逃到托勒密王国（Ptolemaic Kingdom）不是一个明智之举，那里只能是他的葬身之所。

　　再回到对恺撒的讨论。一直到法萨罗战役，他都表现得很强大，握有主动权，并牢记要确保罗马的食物供应。恺撒派遣一支部队到非洲是合理的，但让库里奥（Curio）去指挥就不够明智；有时恺撒对手下的军官判断有误，用人不当，而他自己也因此得到教训。在底耳哈琴的形势岌岌可危，但是恺撒箭在弦上，又不得不发。在法萨罗，他气势磅礴，完成了周到的战术方案；在赢得了法萨罗战役之后，他适时追击庞培到亚历山大城。因为庞培的名字仍然有影响力，而他的死为恺撒的胜利铺平了道路。但如果恺撒去亚历山大是为追踪庞培，与此同时也仍在追求克利欧佩特拉（Cleopatra）[③]，很难相信，无论他逗留了多久，他也不可能过早遣散军队。[④] 虽然他在小亚细亚的战役速战速决，但在返回罗马的途中，这点耽搁也很危险。他在非洲耽误太久了，在那里开始的战役，即使远征塔普苏斯（Thapsus）克服最初的困难后，他都几次尝试诱敌作战，沉迷在他

122

123

---

① 贝内克《剑桥古代史》第九卷（*Cambridge Ancient History* IX）第 644 页。

② 同上，第 664 页。

③ 译者注：克莉奥帕特拉七世（Cleopatra VII，公元前 69—前 30），埃及托勒密王朝最后一位女王。

④ 罗伊德（L. E. Lord）：《古罗马研究期刊》（*Journal of Roman Studies*）第二十八卷第 13 页，1938。

那精湛的战争技艺中，而不是想着如何结束战争。[①] 他似乎对西班牙后期的形势判断失误，直到他亲自去了那里，这是他戎马一生的最后一战；这场战争中，他开始强调自己的作用，似乎想"治愈疾病"却又放任病情加重。

如果以最高的政治标准来评价恺撒，那可能不得不说最后他决定进军帕提亚（Parthia），充其量只是战士的胜利，而不是政治家的胜利。但是如果恺撒作为战士胜利了，那一定是个伟大的战士，能够与亚历山大、汉尼拔和拿破仑相提并论。他的欲望决定了他的成就。他不必像亚历山大那样征服广阔的领地；像汉尼拔那样在克服困难的长途跋涉中，保持军队的士气；像拿破仑那样采用意义深远的战略组合。他也不必在兵法上有所创新。在这方面，他不如埃帕米农达斯（Epaminondas）[②]，也不如腓特烈二世（Frederick the Great）；甚至可能还没有拉比努斯（Labienus）更深入地了解军团的局限性，以及如何使用骑兵。但他没有伟大的创新的原因是他不需要去做。战争的艺术类似一把无与伦比的乐器，虽由别人打造，经恺撒完善后，在他的手中就能奏出属于他的时代旋律。他所需要做的就是表现自己的才艺，无人能替，无人可敌。甚至拿破仑也做不到，神圣同盟（Holy Alliance）的将军们学会了预言，或者反击他的行动。但在战争中，就像在政治上一样，恺撒对他的对手来说，总是心机深沉，难以猜透。[③] 据说拿破仑能够想军中每一个兵士所想，哪怕只是一个掷弹兵，但他的思想有过激的倾向。恺撒是士兵的将军，但他所想的是士兵都无法企及的。

问题到此还未被解决。罗马共和国的兵法战术属于罗马，它是在罗马大地上土生土长的种子，这个种子需要的是才能，而非天赋，待之到达发展的高潮时期，它培养出的士兵比种子本身更强大，在士兵身上融合了智慧和意志，而这些就把才能和天赋区分开来了。

---

① 恺撒：《非洲战役》（Bellum Africum），第 73 页。
② 译者注：埃帕米农达是古希腊中部彼奥提亚（Boeotia）城邦底比斯（Thebes）统帅，政治家，应用战术大破斯巴达。
③ 《亚特兰大月刊》（The Atlantic Monthly）第 44 期，第 278 页，1879。

# 索 引

# 上海三联人文经典书库

## 已 出 书 目

18.《论神性》 〔古罗马〕西塞罗 著 石敏敏 译

19.《护教篇》 〔古罗马〕德尔图良 著 涂世华 译

20.《宇宙与创造主:创造神学引论》 〔英〕大卫·弗格森 著 刘光耀 译

21.《世界主义与民族国家》 〔德〕弗里德里希·梅尼克 著 孟钟捷 译

22.《古代世界的终结》 〔法〕菲迪南·罗特 著 王春侠 曹明玉 译

23.《近代欧洲的生活与劳作(从 15—18 世纪)》 〔法〕G.勒纳尔 G.乌勒西 著 杨 军 译

24.《十二世纪文艺复兴》 〔美〕查尔斯·哈斯金斯 著 张 澜 刘 疆 译

25.《五十年伤痕:美国的冷战历史观与世界》(上、下) 〔美〕德瑞克·李波厄特 著 郭学堂 潘忠岐 孙小林 译

26.《欧洲文明的曙光》 〔英〕戈登·柴尔德 著 陈 淳 陈洪波 译

27.《考古学导论》 〔英〕戈登·柴尔德 著 安志敏 安家瑗 译

28.《历史发生了什么》 〔英〕戈登·柴尔德 著 李宁利 译

29.《人类创造了自身》 〔英〕戈登·柴尔德 著 安家瑗 余敬东 译

30.《历史的重建:考古材料的阐释》 〔英〕戈登·柴尔德 著 方 辉 方 堃 杨 译

31.《中国与大战:寻求新的国家认同与国际化》 〔美〕徐国琦 著 马建标 译

32.《罗马帝国主义》 〔美〕腾尼·弗兰克 著 宫秀华 译

33.《追寻人类的过去》 〔美〕路易斯·宾福德 著 陈胜前 译

34.《古代哲学史》 〔德〕文德尔班 著 詹文杰 译

35.《自由精神哲学》 〔俄〕尼古拉·别尔嘉耶夫 著 石衡潭 译

36.《波斯帝国史》 〔美〕A.T.奥姆斯特德 著 李铁匠等 译

37.《战争的技艺》 〔意〕尼科洛·马基雅维里 著 崔树义 译 冯克利 校

38.《民族主义:走向现代的五条道路》 〔美〕里亚·格林菲尔德 著 王春华等 译 刘北成 校

39.《性格与文化:论东方与西方》 〔美〕欧文·白璧德 著 孙宜学 译

40.《骑士制度》 〔英〕埃德加·普雷斯蒂奇 编 林中泽 等译

41.《光荣属于希腊》 〔英〕J.C.斯托巴特 著 史国荣 译

42.《伟大属于罗马》 〔英〕J.C. 斯托巴特 著 王三义 译

43.《图像学研究》 〔美〕欧文·潘诺夫斯基 著 戚印平 范景中 译

44.《霍布斯与共和主义自由》 〔英〕昆廷·斯金纳 著 管可秾 译

45.《爱之道与爱之力:道德转变的类型、因素与技术》 [美]皮蒂里姆·A.索罗金 著 陈雪飞 译

46.《法国革命的思想起源》 [法]达尼埃尔·莫尔内 著 黄艳红 译

47.《穆罕默德和查理曼》 [比]亨利·皮朗 著 王晋新 译

48.《16世纪的不信教问题:拉伯雷的宗教》 [法]吕西安·费弗尔 著 赖国栋 译

49.《大地与人类演进:地理学视野下的史学引论》 [法]吕西安·费弗尔 著 高福进 等译 [即出]

50.《法国文艺复兴时期的生活》 [法]吕西安·费弗尔 著 施诚 译

51.《希腊化文明与犹太人》 [以]维克多·切利科夫 著 石敏敏 译

52.《古代东方的艺术与建筑》 [美]亨利·富兰克弗特 著 郝海迪 袁指挥 译

53.《欧洲的宗教与虔诚:1215—1515》 [英]罗伯特·诺布尔·斯旺森 著 龙秀清 张日元 译

54.《中世纪的思维:思想情感发展史》 [美]亨利·奥斯本·泰勒 著 赵立行 周光发 译

55.《论成为人:神学人类学专论》 [美]雷·S.安德森 著 叶汀 译

56.《自律的发明:近代道德哲学史》 [美]J.B.施尼温德 著 张志平 译

57.《城市人:环境及其影响》 [美]爱德华·克鲁帕特 著 陆伟芳 译

58.《历史与信仰:个人的探询》 [英]科林·布朗 著 查常平 译

59.《以色列的先知及其历史地位》 [英]威廉·史密斯 著 孙增霖 译

60.《欧洲民族思想变迁:一部文化史》 [荷]叶普·列尔森普 著 周明圣 骆海辉 译

61.《有限性的悲剧:狄尔泰的生命释义学》 [荷]约斯·德·穆尔 著 吕和应 译

62.《希腊史》 [古希腊]色诺芬 著 徐松岩 译注

63.《罗马经济史》 [美]腾尼·弗兰克 著 王桂玲 杨金龙 译

64.《修辞学与文学讲义》 [英]亚当·斯密 著 朱卫红 译

65.《从宗教到哲学:西方思想起源研究》 [英]康福德 著 曾琼 王涛 译

66.《中世纪的人们》 [英]艾琳·帕瓦 著 苏圣捷 译

67.《世界戏剧史》 [美]G.布罗凯特 J.希尔蒂 著 周靖波 译

68.《20世纪文化百科词典》 [俄]瓦季姆·鲁德涅夫 著 杨明天 陈瑞静 译

69.《英语文学与圣经传统大词典》 [美]戴维·莱尔·杰弗里(谢大卫)主编 刘光耀 章智源等 译

70.《刘松龄——旧耶稣会在京最后一位伟大的天文学家》 [美]斯坦尼斯拉夫·叶茨尼克 著 周萍萍 译

71.《地理学》 [古希腊]斯特拉博 著 李铁匠 译

72.《马丁·路德的时运》 [法]吕西安·费弗尔 著 王永环 肖华峰 译

73.《希腊化文明》 [英]威廉·塔恩 著 陈恒 倪华强 李月 译

74.《优西比乌:生平、作品及声誉》 [美]麦克吉佛特 著 林中泽 龚伟英 译

75.《马可·波罗与世界的发现》 [英]约翰·拉纳 著 姬庆红 译

76.《犹太人与现代资本主义》 [德]维尔纳·桑巴特 著 艾仁贵 译

77.《早期基督教与希腊教化》 [德]瓦纳尔·耶格尔 著 吴晓群 译

78.《希腊艺术史》 [美]F.B.塔贝尔 著 殷亚平 译

79.《比较文明研究的理论方法与个案》 [日]伊东俊太郎 梅棹忠夫 江上波夫 著 周颂伦 李小白 吴玲 译

80.《古典学术史:从公元前6世纪到中古末期》 [英]约翰·埃德温·桑兹 著 赫海迪 译

81.《本笃会规评注》 [奥]米歇尔·普契卡 评注 杜海龙 译

82.《伯里克利:伟人考验下的雅典民主》 [法]樊尚·阿祖莱 著 方颂华 译

83.《旧世界的相遇:近代之前的跨文化联系与交流》 [美]杰里·H.本特利 著 李大伟 陈冠堃 译 施诚 校

84.《词与物:人文科学的考古学》修订译本 [法]米歇尔·福柯 著 莫伟民 译

85.《古希腊历史学家》 [英]约翰·伯里 著 张继华 译

86.《自我与历史的戏剧》 [美]莱因霍尔德·尼布尔 著 方永 译

87.《马基雅维里与文艺复兴》 [意]费代里科·沙博 著 陈玉聃 译

88.《追寻事实:历史解释的艺术》 [美]詹姆士 W.戴维森 著 [美]马克 H.

利特尔著 刘子奎 译

89.《法西斯主义大众心理学》 [奥]威尔海姆·赖希 著 张 峰 译

90.《视觉艺术的历史语法》 [奥]阿洛瓦·里格尔 著 刘景联 译

91.《基督教伦理学导论》 [德]弗里德里希·施莱尔马赫 著 刘 平 译

92.《九章集》 [古罗马]普罗提诺 著 应 明 崔 峰 译

93.《文艺复兴时期的历史意识》 [英]彼得·伯克 著 杨贤宗 高细媛 译

94.《启蒙与绝望:一部社会理论史》 [英]杰弗里·霍松 著 潘建雷 王旭辉 向 辉 译

95.《曼多马著作集:芬兰学派马丁·路德新诠释》 [芬兰]曼多马 著 黄保罗 译

96.《拜占庭的成就:公元330～1453年之历史回顾》 [英]罗伯特·拜伦 著 周书垚 译

97.《自然史》 [古罗马]普林尼 著 李铁匠 译

98.《欧洲文艺复兴的人文主义和文化》 [美]查尔斯·G.纳尔特 著 黄毅翔 译

99.《阿莱科休斯传》 [古罗马]安娜·科穆宁娜 著 李秀玲 译

100.《论人、风俗、舆论和时代的特征》 [英]夏夫兹博里 著 董志刚 译

101.《中世纪和文艺复兴研究》 [美]T.E.蒙森 著 陈志坚 等译

102.《历史认识的时空》 [日]佐藤正幸 著 郭海良 译

103.《英格兰的意大利文艺复兴》 [美]刘易斯·爱因斯坦 著 朱晶进 译

104.《俄罗斯诗人布罗茨基》 [俄罗斯]弗拉基米尔·格里高利 耶维奇·邦达连科 著 杨明天 李卓君 译

105.《巫术的历史》 [英]蒙塔古·萨默斯 著 陆启宏 等译 陆启宏 校

106.《希腊-罗马典制》 [匈牙利]埃米尔·赖希 著 曹 明 苏婉儿 译

107.《十九世纪德国史(第一卷):帝国的覆灭》 [英]海因里希·冯·特赖奇克 著 李 娟 译

108.《通史》 [古希腊]波利比乌斯 著 杨之涵 译

109.《苏美尔人》 [英]伦纳德·伍雷 著 王献华 魏桢力 译

110.《旧约:一部文学史》 [瑞士]康拉德·施密特 著 李天伟 姜振帅 译

111.《中世纪的模型:英格兰经济发展的历史与理论》 [英]约翰·哈彻 马克·

贝利　著　许明杰　黄嘉欣　译

欢迎广大读者垂询,垂询电话:021-22895540

**图书在版编目(CIP)数据**

罗马共和国的战争艺术/(英)弗兰克·阿德科克著;
金春岚译.—上海:上海三联书店,2021.8
(上海三联人文经典书库)
ISBN 978 - 7 - 5426 - 7342 - 8

Ⅰ.①罗… Ⅱ.①弗… ②金… Ⅲ.①罗马共和国-
战争史 Ⅳ.①E546.9

中国版本图书馆 CIP 数据核字(2021)第 030659 号

# 罗马共和国的战争艺术

著　　者 / [英]弗兰克·阿德科克
译　　者 / 金春岚

责任编辑 / 殷亚平
装帧设计 / 徐　徐
监　　制 / 姚　军
责任校对 / 王凌霄

出版发行 / 上海三联书店
　　　　　(200030)中国上海市漕溪北路 331 号 A 座 6 楼
邮购电话 / 021 - 22895540
印　　刷 / 上海展强印刷有限公司

版　　次 / 2021 年 8 月第 1 版
印　　次 / 2021 年 8 月第 1 次印刷
开　　本 / 640×960　1/16
字　　数 / 100 千字
印　　张 / 6
书　　号 / ISBN 978 - 7 - 5426 - 7342 - 8/E·17
定　　价 / 38.00 元

敬启读者,如发现本书有印装质量问题,请与印刷厂联系 021 - 66366565